此书出版得到 2017 年安徽省教育厅质量工程项目经济工程“品牌专业”项目资助

新经济　新工业　新专业

——经济工程专业构建与展望

主　编　陈江华
副主编　李　蔚　刘　鑫

合肥工業大學出版社

图书在版编目(CIP)数据

新经济　新工业　新专业：经济工程专业构建与展望/陈江华主编．—合肥：合肥工业大学出版社，2019.7

ISBN 978-7-5650-4587-5

Ⅰ.①新…　Ⅱ.①陈…　Ⅲ.①新经济—专业设置—研究　Ⅳ.①F06

中国版本图书馆 CIP 数据核字(2019)第 161072 号

新经济　新工业　新专业

——经济工程专业构建与展望

主编　陈江华　　　　责任编辑　王　磊

出　版	合肥工业大学出版社	**版　次**	2019 年 7 月第 1 版
地　址	合肥市屯溪路 193 号	**印　次**	2019 年 7 月第 1 次印刷
邮　编	230009	**开　本**	710 毫米×1010 毫米　1/16
电　话	艺术编辑部：0551—62903120	**印　张**	12.5
	市场营销部：0551—62903198	**字　数**	210 千字
网　址	www.hfutpress.com.cn	**印　刷**	合肥现代印务有限公司
E-mail	hfutpress@163.com	**发　行**	全国新华书店

ISBN 978-7-5650-4587-5　　　　定价：68.00 元

序

技术推动社会经济快速发展，伴随着第四次科技革命，全球化与工业4.0成为推动经济发展的主要动力，我国正在全力推进“中国制造2025”国家战略，“互联网+”正在全面改变工业化进程，21世纪最需要的是具备超强应用能力的工程人才。国家启动“新工科”人才培养战略，为国家培养21世纪急需应用型工程人才。合肥学院积极对接“新工科”人才培养国家战略，充分发挥积累30多年与德国应用型高校人才培养的经验，在国内首创“经济”+“工程”的应用型专业人才培养，为经济学人才培养创出一条新路。

经济工程专业最早出现于德国，20世纪70年代为了适应企业发展中技术与经济的融合，德国高校创建经济工程专业。20世纪90年代开始，德国为迎合工业自动化和智能化发展，经济工程专业招生规模不断扩大，学生就业率持续升高。合肥学院从1985年开始，按照安徽省和德国下萨克森州签署的协议，采用德国应用科学大学办学模式，开始“国际化”办学。自2010年开始，合肥学院就开始通过国际办学，积极引入国际先进的教学管理和人才培养模式，合作申办经济工程专业。2017年11月，中德合作经济工程专业在德国顺利通过专业机构认证。2018年3月，合肥学院经济工程专业正式获批。经济工程专业获批充分肯定了合肥学院国际化办学成果。我们充分借鉴了德国、荷兰、瑞士等国家经济工程专业办学经验，这是践行高等教育改革政策，探索应用型高校专业发展之路的必然之举。

经济工程专业体现应用型人才需求特色，充分考虑现代工业生产中强化工程与经济结合的特点。经济工程是面向特定工程领域，培养专业化经济应用人才，用“经济＋”的新思维改造传统经济学专业，让懂经济的人才成为特定工程行业的专才。工程既可以是建筑、电子、机械、化工等传统行业与领域，也可以是新兴产业、大数据、智能制造、无人机等新技术的方向。“经济＋”用开放包容的模块化工具，为经济工程人才培养助力，培养适用于现代化企业需求的专业工程经济人才。

合肥学院是一所在改革中诞生的大学，是中国高等教育的“小岗村”，在实践中敢于创新，勇于探索，在人才培养中首推应用型人才培养模式，引领中国高等教育应用型人才培养方向，创新中国高等教育应用型人才培养模式。经济工程专业是合肥学院“新工科”和“新文科”人才培养实践的又一重大创新。一个新专业的发展壮大，要经过几代人几十年的不懈努力。即使在德国，经济工程专业也经历了20多年才为社会广泛接受。合肥学院师生不畏艰难，勇于探索，必将在经济工程专业建设上取得累累硕果。

蔡敬民于南淝湖畔

2019年仲夏夜

前　言

2018年3月，教育部公布了2017年度普通高校本科专业备案和审批结果，经济工程专业获批为我国高校新增本科专业，而且仅合肥学院一所高校获准设置此新专业。其实，早在2012年，合肥学院就与德国的希尔德斯海姆-霍尔茨明登-哥廷根应用科学大学（简称HAWK）联合开设了中德合作经济工程专业。7年多的时间里，该专业累计招收了约160名本科生，已毕业的学生中，大部分在德国攻读硕士，其余的在美国、英国等国家攻读硕士或在有德资背景的企业工作。2017年11月，中德合作经济工程专业成功获得了欧盟认证。在多年开办中德合作经济工程专业的基础上，2018年9月，合肥学院经济工程专业首次招收35名本科生，正式开启了我国经济工程专业人才教育的探索之路。

2017年5月6日，教育部部长陈宝生在合肥学院视察时就曾指出："现在是要考虑根据需求和职业设置专业了，这些专业要突破学科定势。"作为横跨工学和经济学的复合型专业，经济工程具有多学科交叉融合的特点，其实质是培养既熟知工程技术，又掌握经济理论，具有很强社会适应能力的高素质复合型人才。近年来，随着第三次工业革命的深化，各领域间的联系不断加强，社会分工更加错综复杂，很多职业要求人才具备的专业知识呈现出多学科、多领域交叉融合的趋势。德国的高校，尤其是应用科学大学，普遍设有经济工程专业，与纯经济学或纯工科背景的毕业生相比，该专业学生拥有更为广阔的就业面，在很多领域均能顺利找到工作，因此，能够更好地适应不断变化的社会经济发展的需要。

合肥学院经济工程专业设有建筑工程方向，未来拟设立生物、机械、电子、信息等方向。在正式招生之前，该校曾多次邀请建筑业和房地产业的专家，召开经济工程专业研讨会，深入分析各类企业对该专业人才的具体要求，逐步完善新专业人才培养方案。2018年4月12日，合肥学院经济系召开“经济工程专业构建国际研讨会”，中外专家对于经济工程专业构建提交论文，部分专家做了大会交流发言。以此为契机，针对我国经济工程专业的人才教育问题，十多位一直参与中德合作经济工程专业建设、班级管理和课堂教学的教师，从多个角度进行了阶段性总结和进一步思索，具体包括中德合作专业的借鉴、新专业的构建、人才培养模式、教学方式方法等方面。此外，还细致地梳理了德国经济工程专业的内涵、特点、发展历史和课程体系，从而形成了该本论文集。

未来，我们坚信，经济工程专业一定能为我国培养出更多符合经济发展需求的创新创业型人才；同时，我们也坚信，不久之后，该专业定会如雨后春笋般涌现在我国众多高校之中。

目 录

一、经济工程新专业构建

中德合作经济工程专业本土化及其表现 …… 陈江华 刘 鑫 贾 佳（003）

经济工程专业本土化的构想与实践

——基于合肥学院中德合办专业的经验及启示 …………… 宋玉军（013）

我国应用型高校经济工程专业建设研究 ……………………… 司武飞（021）

新工科视角下经济工程专业建设思考 ………………… 江玉荣 陈江华（036）

经济工程专业跨学科发展的历史和逻辑 ……………………… 李建瑞（048）

二、经济工程专业人才培养模式

基于多学科交叉的经济工程专业人才培养的探索与实践

——以合肥学院中德合作经济工程专业人才培养为例

…………………………………………………… 李 蔚 陈江华（055）

经济工程专业复合型人才培养模式分析 ……………………… 徐姗姗（062）

经济工程专业个性化人才培养模式探析 ……………… 赵 西 陈江华（069）

经济工程专业应用能力培养研究 …………………………… 朱天明（079）

浅谈经济工程专业学生可用性能力的提高

——以“房地产经济学”课程实践项目设计为例 ………… 贾 佳（086）

三、经济工程专业课程教学研究

经济工程专业课程模块化改革研究 …………………………… 吴应宁（099）
经济工程专业实践教学模式研究 ……………………………… 方　涛（106）
面向经济工程专业的企业管理课程设计与教学实施 …………… 杨承刚（111）
应用型高校经济工程专业实验平台的构建研究 ……………… 沈韵竹（116）

四、德国经济工程专业内涵与发展

德国高校经济工程专业的特点及借鉴意义 ……………………… 徐　刚（123）
德国经济工程专业的历史和发展 ……………………… Dieter Grommas（135）
德国 HAWK 经济工程专业课程设计及实施 ………… Achim Loewen（141）
德国经济工程专业内涵 ………………………………… Achim Loewen（147）
德国经济工程专业发展探讨 …………………………………… 刘　鑫（149）

附　　录

合肥学院中德合作经济工程专业发展历程 ……………………………（159）
德国部分高校经济工程专业介绍 …………………………………………（166）

一、经济工程新专业构建

中德合作经济工程专业本土化及其表现

陈江华　刘　鑫　贾　佳

（合肥学院　经济系）

摘　要：伴随着经济和技术的发展，德国高校自20世纪90年代起便广泛开设了经济工程专业。经济工程专业学生人数不断增加，且学生就业前景广阔。近年来，中德高校开展经济工程专业合作项目，经济工程专业已得到中国高校和社会的广泛了解与认可。经济工程专业在中国本土化已具备社会大量需求、合作办学经验、工业制造升级和高教专业改革政策等有利条件。中国高校应加强对经济工程专业建设的研究，在学习和借鉴德国经济工程专业的办学经验时，要与中国国情相结合，尽快开设经济工程专业。

关键词：中德合作；经济工程；本土化

国际竞争以及技术发展和创新的持续活跃，成为企业所面临的巨大挑战。未来的企业领导人和专业人才要想把握机会，就必须结合复杂的背景关系考虑问题，从全局角度了解并理解企业各项业务流程。无论企业还是政府综合经济管理部门，都需要大量既懂经济学又懂工程学的复合型人才，经济工程作为一个跨经济和工程学科的专业满足了这种需求。

基金项目：安徽省教育厅重大教学改革研究项目“应用型本科院校学生创新创业能力培养”（2013zdjy138）资助。

作者简介：陈江华（1966—），男，安徽潜山人，合肥学院经济系教授、博士、主任，研究方向：法经济学、知识产权；刘鑫（1986—），女，安徽阜阳人，合肥学院经济系助教，德国经济工程硕士，研究方向：区域管理、经济促进；贾佳（1985—），女，辽宁沈阳人，合肥学院经济系助教，德国金融硕士，研究方向：金融、中德企业财务。

1 德国经济工程专业勃兴

1.1 经济工程专业发展

自19世纪后期以来，西方国家一些大学开始进行经济工程学的研究。1927年，柏林工业大学（Technische Hochschule Berlin）率先在德国开设了经济工程专业。该专业由Willi Prion建立，当时的名称是“经济与技术”，学生除了在校学习还需要到企业进行相关培训。到1980年，德国设立此类专业的高校寥寥无几。[1] 1990年起，由于产业发展和工业自动化率提升，企业和政府部门需要大量经济工程专业人才，以在经济和技术的相互作用下做出有效的决策。在这种背景下，德国应用科学大学、综合大学和工业大学等各种类型的高校广泛开设了经济工程专业，学生人数也在不断增加。根据德国经济工程协会的统计，截至2017年5月5日，德国共有88所应用技术大学、30所综合大学和工业大学、15所职业培训机构设立该专业。[2]在德国，因为应用技术大学实践性和与企业的紧密结合的设置更符合学生未来就业和实习的需求，并且学习时间也相对较短，所以更多的学生选择在应用科技大学修读经济工程专业。

根据德国联邦统计局的数据，截至2014年4月23日，德国高校专业按在校学生人数排序见表1所列。

表1 德国高校专业在校学生人数统计表

序号	专业	学生人数
1	企业经济学（BWL）	209724
2	机械制造（Maschinenbau）	112383
3	法学（Jura）	102908
……	……	……
13	经济工程（侧重工程）（W. Ing mit techn. Schwerpunkt）	49288
……	……	……
18	经济工程（侧重经济）（W. Ing mit wirtschaftl. Schwerpunkt）	42119

数据来源：德国联邦统计局网站。

从表1所列的数据可以看出，经济工程（侧重工程）人数为49288人，经济工程（侧重经济）人数为42119人，合计人数为91407人，位居德国高校专业数前列。

经济工程专业毕业生具有在经济和技术交叉领域中完成跨学科相关性任务的能力。经济工程师能够基于他们所受到的培训清晰地判断出与经济、技术和法律相关的各种问题并有能力解决这些问题。经济工程师的就业前景相当不错，有些产业对企业内配备的经济工程师人数有要求，作为企业资质的一个硬性规定。德国的经济工程师截至目前还未被列入官方的统计。从市场人才需求来看，对经济工程师需求量最大的是机器制造业，其次是电子工业、汽车制造业、建筑业和咨询业，经济工程师在这些行业中的主要工作是市场营销、物流管理、物资管理、生产、财务管理和质量监督。此外，在金融、保险和信贷机构从业的经济工程师人数也呈上升趋势，经济工程师主要集中在这些机构的交易部及信息部。在其他行业，经济工程师也可以从事营销、采购、产品设计、生产管理、物流管理、财务、质量管理、成本控制、咨询等方面的工作。因需要的行业较多，而毕业生的数量相对较少，因此就业情况在今后几年仍然被看好。[3]

从学生就业和未来职业发展来看，经济工程专业实质上是培养懂得工程技术的商业人才。经济工程专业作为技术部门和其他商务部门沟通的纽带，因为其创新性和未来产业的发展需求，现在已经成为德国热门专业。

1.2 德国经济工程专业特点

经济工程学包括理论、方法、工具和主体间可核实性的知识以及各种经济学科、工程学科和法律学科之间的关系。它作为企业经济与工程学之间的连接口，多年来发展成为一个独特的科学领域。经济工程专业（德语：Wirtschaftsingenieurwesen，简称WIW或WING）目前没有确切定义，一般认为是跨工程学与经济学的交叉专业，经济学和工程学在经济工程专业置于同等重要位置。经济工程专业在中国没有对应专业，与国内的工程经济、工程管理、信息管理等专业设置的目的和具体内容不同。归纳起来，经济工程专业有以下五个特点。

1.2.1 组合性

在德国，经济工程专业知识体系由经济学知识与工科知识按照同等的地位组合而成。经济工程专业的课程（模块）一般包括经济类和工程类两个部分，各个高校开设的专业方向及课程（模块）不尽相同，各具特色。经济类课程（模块）主要包括宏观经济学、微观经济学、经济法、企业管理、物流管理、金融、会计等；工程类课程（模块）则一般围绕一个明确的方向进行构建，如机械制造、电子科技、建筑等。经济工程专业是按照专业岗位需要来组合经济学专业和某一工科专业的内容而成。不同的大学所设立的经济工程专业方向不同。例如，德国哥廷根应用科学大学的经济工程专业由经济专业与能源环境工程专业知识组成；德国亚琛工业大学则由经济专业分别与建筑、电子能源技术、机械制造、材料与工艺技术四个方向组成经济工程专业。

1.2.2 应用性

经济工程专业在德国综合性大学、工业大学、应用科学大学等广泛设立，但主要还是在应用科学大学内设立，大概占到开设经济工程专业本科院校的75％以上。这主要是因为经济工程专业的培养目标、培养手段和方式、学生未来发展方向和就业方向与应用科学大学相契合，共同强调应用型人才培养。

1.2.3 地方性

德国高校的经济工程专业方向紧密地与当地的主导产业和支柱产业相结合。比如，坐落在汽车工业发达城市的应用科学大学的经济工程专业侧重于机械与经济，坐落在电子产业集中城市的应用科学大学经济工程专业侧重于电子与经济。目前与合肥学院合作的德国高校经济工程专业方向集中在经济与能源环境工程，与同济大学合作的高校柏林应用科学大学专业方向集中在经济与物流工程。“越来越多的应用科学大学则密切结合地区经济，与行业协会或企业合作推出一些相当专门化的专业课程”。[4]应用科学大学培养的经济工程专业学生主要服务地方经济，在当地厂商企业工作。

1.2.4 灵活性

经济工程专业的知识结构、人才培养计划与市场需求相结合，并且不断地调整。比如，以前很多高校开设机械、电子领域的专业，与经济专业结合形成经济工程专业，而现在随着节能环保、智能制造产业的发展，相应的一些高校将传统的专业进行改造，或者直接设立新专业方向。近几年来，反映科技和市场发展趋势的节能环保、高端制造、新材料等新工科专业与经济学专业形成的经济工程专业成为热点专业。

1.2.5 协同性

经济工程专业与传统的专业不同，需要经济专业和工科专业的自然科学和社会科学的基础知识、人文素养教育知识、经济学基础知识、工科基础知识、经济学专业知识、工科方向专业知识、专业方向知识、综合项目知识等。德国高校经济工程专业需要校内院系合作、校际合作、校企合作、国际合作等，充分反映其协同性。比如，德国柏林经济与法律应用科学大学经济工程专业（可持续发展方向）就是与柏林 Beuth 应用科学大学两校协同合作设立，由前者负责经济、管理和法学等课程（模块），后者负责数学、工科基础、能源等课程（模块）。

2 中德经济工程专业项目合作实践

经济工程专业虽然在中国没有相应的专业，但同济大学和合肥学院两所大学较早地意识到了经济工程专业适应时代及经济发展的客观需要，相继引入德国经济工程专业优质课程，积极开展中德经济工程专业合作项目。

2.1 同济大学合作模式

经济工程本科专业是同济大学中德工程学院提供的四个本科专业之一。该专业采用双语教学，学生在入学后会接受高强度的德语课程教学以满足专业课的德语水平要求，在同济大学学习三年后，并且通过德福考试后，最后一年在德国学习、实习和完成毕业论文。前三年专业教学计划安排：(1) 第一年基本上专攻德语。该学年还包括基础实践第一部分和必要的中国专业课，如数学、自然科学基础。基础实践第二部分和选修的德语课在第一个短学期提供。(2) 第二学年继续学习基础学科。在第二个短学期完成德语知识的深化。(3) 第三学年学习专业课程。同时，这个阶段安排德语教授进行德语授课。德语课程的比重（包括最后在德国的 1 学年）约占 30%。教学大纲里的项目实训和调研工作安排在第三个短学期。通过德福考试的学生，最后一年将在德国完成学业，考核合格获得合作院校的双学位。未通过德福考试的学生，将在同济大学参与相应的专业课学习并在最后 1 学年完成学业。同济大学经济工程专业学习包括自然科学、信息学以及经济学，又可以在完成工程学学业后，再学习物流学和附加课程。这种学习有其优点，不仅能涉猎多学科的知识，更重要的是可以满足社会上对于复合型人才的需求。

2.2 合肥学院合作模式

合肥学院中德合作经济工程专业是由德国下萨克森州希尔德斯海姆-霍尔茨明登-哥廷根应用科学大学（HAWK）在合肥德国应用科学学院的框架下合作开设的一个专业，其专业方向分别为建筑工程、环境工程和不动产经济。该项目的人才培养方案由中德双方共同制订，借鉴德国课程模块化教学方式，实现培养“高层次、应用型、国际化”的现代人才的目标。学生在国内完成本科阶段前三年的学业，第四年赴德国，在德国教授指导下完成专业方向课程（模块）、实习和毕业论文。学生毕业后分别获得合肥学院和德国希尔德斯海姆-霍尔茨明登-哥廷根应用科学大学颁发的学位，并且有机会在德国进一步深造。双方在共同制订人才培养方案的基础上，还充分利用希尔德斯海姆-霍尔茨明登-哥廷根应用科学大学的优质教育资源，专业课教学由中德双方教师共同完成。合肥学院中德合作经济工程专业教学创新，主要体现在实验实践教学、课程教材模块、教学方式方法以及跨文化交流等方面。该专业积极实行模块化教学方式，通过公共基础课整合、专业基础课优化、自主学习强化、打破课程界限等方式，对教学内容进行优化、整合、重组。大量采用“项目研讨式”教学方式，提高学生的独立思考、团队学习、语言表达能力。

2.3 两种合作模式比较

两种合作模式的相同点主要表现在：(1) 成立独立的中德合作办学机构。同济大学成立同济大学中德工程学院（CDHAW），合肥学院成立合肥德国应用科学学院（DHH）。(2) 采取双校园（3+1）模式。学生必须分两部分完成学业，一部分在中国境内的合作高校内完成3年学习，另一部分赴国外的合作高校内完成1年学习和论文撰写。(3) 采取本科双学位项目。(4) 按照高考计划招生，招收高考本科线以上的学生。(5) 两校经济工程专业项目均获得德国德意志学术交流中心（DAAD）的资助，并分别通过前期资助的评估。(6) 合作对象都是德国应用科学大学。(7) 两校经济工程专业重视校企合作，尤其是与在中国的德资企业合作。(8) 学生的毕业实习和论文都在德国完成，强调论文的问题导向，力求真题真做。

两种合作模式的不同点主要表现在：（1）经济工程专业方向不同。同济大学有机械、电子、物流等三个方向；合肥学院有建筑节能、环境工程、不动产等三个方向。（2）学历学位证书不同。同济大学颁发物流工程本科学历和管理学学士学位，德国合作高校颁发工学学士学位；合肥学院颁发经济学本科学历和经济学学士学位，德国合作高校颁发工学学士学位。（3）招生方式不同。同济大学在当年学校普通招生代码中招收的新生中选拔，合肥学院采取独立的招生代码招生，学生招生时直接录入经济工程专业。（4）模块化教学方面不同。合肥学院经济工程专业借鉴德国高校经验，实行模块化改革；同济大学没有开展模块化教学。（5）德国教授授课情况不同。同济大学经济工程专业前三年的专业课基本由国内教师承担，德语课部分由德国教师承担，最后一年由德国教授承担；合肥学院经济工程专业核心课程占全部专业课程的60%，且德方教师担负的专业核心课程的门数和教学时数均占全部课程和全部教学时数的50%以上，部分德语课和最后一年课程由德国教授承担。

总之，两校通过合作办学项目，充分结合中国高校特色，采取适用各自条件的合作模式，引进德方专业课中的部分优质课程资源和教学方法，扩大经济工程专业在国内的影响。

3 经济工程专业本土化实现基础

3.1 社会大量需求经济工程人才

经济工程专业人才在中国社会需求量大，而高校又没有开设此专业，所以需要从供给侧发力尽快解决这一供需矛盾。德国经济工程专业在20世纪90年代快速发展，是与德国工业化发展相适应的，因为德国工业自动化的模式到90年代就已经替代了大部分的人工。德国工业化进入自动化阶段，由经济和技术融合催生经济工程专业在90年代以后得到飞速发展。[5]经济发展和科技的进步对于人才的需求量增加，在工业领域的一些工作岗位对于人才提出新的要求，既要懂经济又要懂某种工程技术，在处理实际工作时能够从经济和技术两个角度综合考虑，科学决策和实施。

中国目前的工业发展阶段与德国 20 世纪 90 年代经济工程专业兴起时的工业背景有某些相似性。中国已进入工业化中期，经济体量大，200 多种工业品产量居世界首位，装备水平处于全球产业链中端，性价比高。[6] 中国从世界制造业大国向制造强国转变过程中，面对国际经济形势发展不稳定因素增多和竞争日益激烈的境况，经济技术人才市场需求大。企业无论是在决策过程中，还是在市场营销中，大量需要经济工程人员。比如，在不动产项目决策时，这样的人员可解决建筑技术和经济核算，从项目的技术和经济核算中得到最优，即达到节能、环保、节约、经济等多项功能。交通运输、市政规划建设等综合部门也需要经济工程人才。中国的人口红利不断减少，用工缺少问题将会日益突出，经济工程专业有利于中小企业解决用工难问题。

3.2 中德高校合作积累了丰富经验

近年来，德国高校与中国高校开展经济工程专业项目合作，为该专业在中国本土化提供了丰富经验。尤其是同济大学和合肥学院经济工程专业项目合作更具特色。德国经济工程专业在综合性大学、工业大学和应用科学大学普遍设立，包含有本科、硕士和联合培养博士三个层次。目前，中国高校与德国应用科学大学主要在本科阶段进行合作。中德合作高校通过不同的模式合作，已在应用型大学办学理念、专业方向设置，专业与区域发展紧密联系，课程模块设置及国外优质课程模块引进等方面积累了一些经验。当然，在合作中也发现因中德教育体制不同而产生的一些问题，在合作中会不断调整和完善。

3.3 中德工业制造升级合作推进

中国政府和德国政府都在推进工业制造升级，由此产生的新经济、新技术和新业态为经济工程专业发展和合作提供了物质基础。“中国制造 2025”和“德国工业 4.0”是两国政府推动的工业制造升级战略，旨在促进工业自动化向智能化转变，提高工业的竞争力。“德国工业 4.0”是由德国政府《德国 2020 高技术战略》中所提出的十大未来项目之一，旨在提升制造业的智能化水平，建立具有适应性、资源效率及基因工程学的智慧工厂，在商业流程及价值流程中整合客户及商业伙伴。其技术基础是网络实体系统及物联网。中国于2014年底首次提出“中国制造2025”的概念，并在2015年3月由李克强总理在全国两会上作《政府工作报告》时首次提出“中国制造2025”的宏大计划。这无疑将成为两国之间的全方位深度对接与合作的新起点。工业自动化完成后，德国的经济工程专业得到快速发展，若两国工业智能化升级合作，势必为经济工程专业发展提供新机遇。

3.4 中国高教专业改革政策支持

我国教育部本科专业设置目录在规范高校专业设置方面发挥了重要的作用，但现在也不断受到各方的质疑。“当学科专业目录作为国家决定知识生产和传播合法性的政策手段时，它给我国高等教育发展带来了诸多问题，主要表现在学科建制的合法化、人才培养的同质化以及组织建制的行政化方面。”[7]合肥学院在与德国高校合作过程中，通过大量调查发现，经济工程专业在中国企业非常受欢迎，尤其是在中国的德资企业，比如BOSCH（博世）、西门子、大众集团以及大陆集团等企业，均与经济工程专业项目建立联系并表示对该专业毕业生表示浓厚兴趣和接纳意愿，此类人才市场需求量非常大。通过广泛调研和论证，合肥学院自2014年以来，已连续三年向教育部申报本科专业目录外经济工程专业，安徽省教育厅三次同意申报并积极推荐到教育部，但在教育部尚未获批准。2017年4月，经国务院同意，教育部等五部委联合印发了《关于深化高等教育领域简政放权放管结合优化服务改革的若干意见》，明确提出学科专业、编制、岗位、进人用人、职称评审、薪酬分配、经费使用等方面进一步向地方和高校放权，也给高校松绑减负。高校本科专业改革为经济工程专业申报提供了政策支持。

另外，经济学发展与新工科不断融合。经济学更加重视数学和实践教学，新工科面向新经济业态发展新技术和改进现有技术，两者的目的交集于服务新经济和教学运用新技术手段。合肥学院中外合作的经济工程专业充分体现了经济学与建筑节能、环境工程等新工科融合的特点。

4 结束语

伴随着经济全球化和高等教育的国际化，日益增多的中外合作办学项目在引进国外优质教育资源、促进我国教育国际化方面起着重要的作用。经济工程专业移植要注意与中国高等教育客观实际相适应，不能照搬照抄，要采取开放和科学的态度，吸收德国应用型教学理念和引进优质教学资源与教学方法。中方合作高校在经济工程专业本土化方面今后应着力于：首先，继续做好目前的本科专业项目合作，扩大合作规模，开展研究生层次合作项目；其次，加强中方合作高校的联系和交流，总结合作办学经验；再次，重视经济工程专业移植与本土适应的理论研究，为今后专业发展提供理论支撑。

参考文献：

[1] Willi Prion. Ingenieur und Wirtschaft：Der Wirtschafts-Ingenieur：Eine Denkschrift über das Studium von Wirtschaft und Technik an Technischen Hochschulen [M]. Berlin：Springer Berlin Heidelberg (4. Verlag)，2013：38 - 60.

[2] information-zum-studium，universitaeten-und-hochschulen [EB/OL]. [2017 - 05 - 05]. http：//www. vwi. org/ hauptmenue/beruf-studium/information-zum-studium/universitaeten-und-hochschulen. html.

[3] Bildung und Kultur. Studierende an Hochschulen [EB/OL] . [2014 - 04 - 23] . https：//www. destatis. de/DE/Publikationen/Thematisch/BildungForschungKultur/Hochschulen/StudierendeHochschulenEndg2110410137004. pdf? _ blob=publicationFile.

[4] 李益．当代德国职业教育与高等教育的关系、融通与交叉 [J]. 德国研究，2016 (3)：117.

[5] Ulrich Bauer. Employability：Welche Kompetenzen fordern Unternehmen von TU-Absolventen，Industrial Engineering and Management，DOI 10. 1007/978 - 3 - 658 - 12097 - 9 _ 1，2016：17 - 19.

[6] 李克强．聚焦发展　共创繁荣　以国际产能合作推动互利多赢 [EB/OL] . [2015 - 07 - 02] . http：//news. xinhuanet. com/world/2015 - 07/02/c _ 1115790263. htm.

[7] 陈涛．高等教育学科专业目录：问题与逻辑 [J]. 西南交通大学学报（社会科学版)，2015 (3)：43.

经济工程专业本土化的构想与实践

——基于合肥学院中德合办专业的经验及启示

宋玉军

（合肥学院　旅游系）

摘　要： 经济工程是合肥学院与德方高校合作办学的一个项目，是经济学专业下设的一个方向，也是德国高校普设的一个独立专业。经济工程是经济学和工学耦合而成的复合型专业；具有适应人才市场需求多变、整合利用学校优势资源和契合学生个性化成才的特征。基于合肥学院在此方面的办学实践与经验积累，提出了经济工程专业“缘何”及“何以”实现本土化的几点思考。

关键词： 经济工程专业；经济学＋；工程方向；本土化

调整高等教育结构，提升高校适应和服务经济社会转型的能力，引导部分地方普通本科高校应用型转型发展是全面深化高等教育综合改革的迫切需要。专业转型是推动地方高校转型的重要抓手，必然要求改造传统专业，创办发展一批应用型、复合型新专业。将经济工程方向升华为独立的专业更是开拓经济类专业应用转型的一种尝试。合肥学院在与德国应用型大学合办过程中对德国应用型人才培养模式有了较深的了解，推动经济工程专业本土化的条件日趋成熟。

基金项目： 本文为合肥学院教研项目“供给侧改革下应用型高校校企合作育人机制建构与整合研究”的阶段性成果。

作者简介： 宋玉军（1974—），男，安徽霍邱人，经济学博士，教授，硕士生导师，合肥学院旅游系，副主任，研究方向：劳动就业，市场经济理论。

1　中德合办经济工程专业方向的由来

中德合办经济工程方向起源于德国的经济工程专业。在德国，经济工程专业开办于1927年的德国柏林工业大学。到目前为止，德国开设经济工程专业或项目的应用型大学有101所，综合型大学有32所[1]。该专业的核心目标在于将经济学科与工程技术有机结合，以解决德国工业制造业存在的工程技术人员不懂经济、经济专业人员不懂工程技术的现实难题。所以，经济工程专业的开设根源于德国经济社会发展的现实需求，特别强调专业的实用。该专业人才的培养大多与企业合作，让学生在不同的实践项目中完成学业，较为充分地体现出应用型人才培养的特质。

在现实发展过程中，经济工程专业对于经济学科的理论要求较为稳定，涵盖了产品制造、物流、金融、审计等领域的知识与素养；也开设法律相关知识；而工程学科方向的理论与能力培养却是多元的，各高校基于自身学科优势（或专长）和资源禀赋，选择机械制造、电子信息、建筑等领域作为经济工程专业人才培养的一个重点方向。因而，德国各高校的经济工程专业之间千差万别，因校而异。在专业层次上有硕士、本科，授予的学位也是不同的。本质是跨学科，学习难度较大。

合肥学院与德国高校合作已有30年的历史。在合办经济类专业方面，2010年开始启动经济工程项目。2011年，该项目建设获得德意志学术交流中心（DAAD）的资助立项。2012年，经安徽省政府批准，中外合作经济学（经济工程）专业在合肥学院正式招生，采用3+1学制。2015年5月，经济工程专业方向在合肥学院顺利通过德意志学术交流中心（DAAD）资助项目的德方专家的验收。

2　经济工程专业的内涵、特征及优势的本土化释解

经济工程专业是在德国高校中普遍设置的一个独立专业。经多年合作办学和对德国应用型人才培养模式的考察、交流，合肥学院对经济工程专业内涵的认识日渐明朗化。经济工程是经济学和工学耦合而成的复合型专业，基

于经济理论知识与素养要求的稳定性，该专业以“经济学＋”为专业设置基础，将经济学与工学置于同等重要位置，以对接企业项目的教学形式，将学生自主选择与学校优势资源相结合，综合运用经济学与工学的知识与技能，生成不同于纯粹经济学和纯粹工学的跨学科专业。该专业的特征与优势表现在以下几个方面。

2.1 具有适应人才市场需求多变的特性

自2008年金融危机以来，世界经济进入深度调整时期，我国经济发展进入新常态，由高速增长转向了中高速增长，产业结构亟待调整、优化升级，社会转型要求迫切。适应新常态，激发新动能，培育经济社会急需的应用型、复合型人才，保持经济持续健康发展是我国当前面临的重要课题。以“互联网＋”、大数据等为代表的创新驱动因子不断累积并引发新一轮产业变革和创新浪潮。由此带来市场需求变化速度加快，对专业人才的能力素质提出了新要求。跨学科知识融合、跨领域技术协同已成为当代科技领域创新项目实施的显著特征，单一学科、专业的发展越来越难以满足这种综合性、复合化的新要求。这就需要不断“优化学科专业、类型、层次结构，促进多学科交叉和融合”，培养更多的具有多学科背景的复合型专业人才。

顺应经济社会发展新趋势是推动经济学科专业转型发展的先决条件和必然要求。集成了经济学与工学两大学科的经济工程专业，明显具有“深厚经济理论＋明确工程方向”的多学科复合优势，既是对经济社会发展新要求的回应，也是市场驱动的必然结果。经济工程专业因“市”而动和因“人”而异的工程方向动态化设置，完全能够适应人才市场需求的多变性，解决了地方高校人才培养与市场需求不相匹配的难题，克服了传统意义上经济专业学生不懂工程知识、工程专业学生不懂经济的现实困境。在合肥学院准备与德国合办经济工程专业进行论证时，经大量的调研和企业实地走访，我们发现这种复合型经济类人才最受用人单位的欢迎。在国家实施“大众创业，万众创新”战略背景下，更需要培养类似经济工程这种复合型专业人才。

2.2 具有整合利用校内外优势资源的特点

培养人才、服务社会是高等教育发展的根本宗旨。高校的学科发展、专业设置与经济社会发展相契合是高等教育发展规律的内在要求。经过长期的发展和历史的积淀，各高校在一些学科专业、实践教学、服务地方等方面积累了丰富的经验，也拥有各具特色的办学资源。如何依托和利用已有的校内外优势资源，开辟专业转型的新路径，进一步形成特色专业集群，需要地方高校系统思考学科布局和专业结构优化的调整路径。

就经济工程专业而言，以“经济学＋”为设立基础，通过整合利用学校所积累的校内外优势资源，紧密贴合区域性产业发展和人才市场的需求，确定人才培养细分的“工程方向”，叠加能源、建筑等工程专业的知识理论，从而提高和放大经济学专业方向调整和人才培养的动态性和柔性化，以实现高校人才培养与市场需求的“无缝对接”，专业调整与地方经济发展的良性互动，使得“专业的变化更加与社会同步，专业也更加呈现出跨学科特点”[2]。这既能发挥地方高校原有一些优势工程学科的辐射作用，与地方经济发展的紧密“贴合”关系也能让高校借助和利用校内外优势资源推动学科专业发展，培养地方经济社会发展急需的人才，促推地方高校把控人才培养的主动权，进一步提升高等教育对经济社会发展的贡献度。

2.3　具有契合学生个性化成才的特征

经济工程专业定位于经济学学科是缘于本专业学生的初始理论基础为经济学，是以“经济学＋”为理念而产生的新专业。区别于一般经济类专业的是，经济工程专业学生在低年级阶段学习经济知识，培养经济学科思维和评判能力；而在高年级阶段则要结合个人兴趣、特长自主选择接受建筑工程、能源科学与工程等方向的理论知识和能力训练，细化和聚焦经济工程专业人才培养的方向，明晰定位该专业学生未来工作的行业，通过产教融合、产学结合、校企合作的育人机制，实现人才培养规格与地方经济发展、行业岗位需求的完美“续接”。所以，经济工程专业毕业生汇集经济学与工学两个学科领域的知识与能力，能够基于他们所受到的教育背景与能力训练从不同视角分析与经济、技术和法律相关的各种工程问题，并能进行经济性和技术性的评判，具备解决这些问题的能力与素养。显而易见，经济工程专业学生以兴趣选择专业方向，以专业方向确定未来工作走向，沿循由“兴趣→专业→职业”的个性化职业生涯成长路径，高度契合学生成长成才多样化的内在要求。

3 推动经济工程专业本土化实践的思考

经济工程专业本土化就是将中德合作经济学专业（经济工程方向）在我国现有经济学科门类下设置为一个独立的新专业，将德国的专业设置和培养模式“移植”并内化为国内传统专业的改造和人才培养模式的创新实践，在地方高校形成有力支持地方经济社会发展的一个新的复合型专业。

3.1 经济工程专业缘何本土化?

经济工程专业本土化不仅仅在于专业自身存在的优势，更重要的是切合我国地方高校应用型转型的要求，为传统专业改造、经济专业拓展和应用型人才培养提供了新思路。

3.1.1 地方高校应用型转型发展的需要

在高等教育大众化阶段，人才培养日益多元化，“应用型”办学定位成为地方高校破解区域高等教育趋同发展困局，适应经济社会多样化需求的应然之举。《国家中长期教育改革和发展规划纲要（2010—2020年）》明确提出“适应国家和区域经济社会发展需要，建立动态调整机制，不断优化高等教育结构”，“重点扩大应用型、复合型、技能型人才培养规模”[3]。2015年10月21日，教育部、国家发展改革委、财政部联合发文《关于引导部分地方普通本科高校向应用型转变的指导意见》，对引导部分地方普通本科高校转型发展和应用型人才培养战略意义、转型路径和方式方法做了详细的阐述，指出“要以改革创新的精神，推动部分普通本科高校转型发展”[4]。这必将成为推动地方高校转型发展的新航标。

地方高校应用型转型不能将“应用型”办学定位置于虚化的境地，而应该将转型发展着实建立在专业应用型转型和为地方培养应用型人才的现实基础之上。在新的产业变革和创新浪潮中，地方高校应该紧紧围绕区域经济社会发展需求调整专业体系，通过传统专业改造，增设和发展一批应用型、复合型专业，以学校“专业链”有效对接地方“产业链”，从而实现学校的“华丽转身”。从国际经验看，在新的工业革命和产业变革中，欧洲发达国家都及时调整了高等教育的层次和科类，普遍重视发展应用型高等教育。“通过教育结构与经济产业结构的适切调整与匹配，使高等教育对社会经济发展和国家竞争力提供了有力的支撑”[5]。

因此，借鉴德国、荷兰、瑞士等国家经济类专业转型发展的理念和办学经验，在当前经济学本科专业目录下增设经济工程专业，以专业调整与转型促推地方高校应用型转型，从而助力地方创新创业、区域产业转型和国家系列重大经济战略的实施。

3.1.2　提供专业转型改造和应用型人才培养的新思路

经济工程专业是经济专业知识与能源等细化方向工程知识有机组合而成的一个复合型新专业，是多学科支撑专业发展和经济类专业进一步细分的体现，是对现代社会发展复杂性、市场发展多变性和创新要求跨越性的积极回应。

就经济学学科而言，地方高校转型发展就是要设立更多经济类复合型专业，为地方发展培养高水平应用型经济类专业人才。经济工程是以“经济学＋”为专业设置基础，复合新能源等对接地方经济社会发展需求的工程方向课程模块，以产学结合、校企合作的项目教学方式，将理论学习与知识运用有机结合起来，改变了以“学科导向”设置专业、以“知识传授”培养人才的传统模式，体现了“市场需求导向”专业设置和“知识学习”与“知识运用”同步化推进的应用型人才培养的教育发展理念，最佳匹配学生自主选择、学校优势资源与市场需求，从而提高经济类专业结构调整的“柔性化”程度，拓展了经济类专业衍生的新途径。经济工程专业设置和人才培养模式没有遵循纯粹经济性或者纯粹技术性的单一发展路径，具有很强的应用型和复合化的要求与特质，为其他学科推动和实现专业的复合化、专业的转型改造以及应用型人才培养模式提供了新思路。

3.2　经济工程专业方向实现专业本土化的要件分析

学校准确的办学定位、教育教学改革的勇于探索和经济工程专业方向的办学实践为经济工程专业实现本土化创造了条件。合肥学院逐渐具备实现经济工程专业本土化所积累的基础和条件。

3.2.1　办学定位是经济工程专业实现本土化的先导条件

办学定位是学校发展的顶层设计[6]。引导部分地方高校向应用型转型就是要明确学校的办学定位，要求学校能够结合自身的条件，探索融合地方经济社会发展的新路径。合肥学院 2003 年确立了“地方性、应用型、国际化”的办学定位，借鉴国外应用型高校的办学模式，创建应用型人才培养新机制，自 2012 年设立经济学专业（经济工程方向）以来，合肥学院经济系依据学校办学定位，立足于安徽省重点产业和战略性新兴产业（如新能源）发展的现实，针对合肥市尤其是经开区产业发展和人才需求的特点，结合国外（德国）合作院校优势专业设置能源工程、建筑工程、房地产三个工程方向，培养与合肥市经济社会发展需要高度吻合的应用型经济类人才。正是基于合肥学院准确的办学定位才有经济工程专业方向的设立，才能为实现经济工程本土化，实现创设经济工程专业提供可能。

3.2.2 教育教学改革为经济工程专业本土化铺设了前提条件

教育教学改革是推动高校转型、学科专业发展的动力。合肥学院积极开展一系列教育教学改革，勇于探索合作育人、开放育人之路。其中，不断推进的模块化教学改革为经济工程专业设置和应用型人才培养规律探究提供了坚实的基础和良好的环境。各经济管理专业与各工程专业的课程模块化，消除了课程间的界限，使得“经济模块”与“工程模块”的叠加与融合由可能转化为现实。课程模块化教学改革的一个重要目标就是要实现由“知识输入”转变到“知识输出”“能力培养”，强化实践育人。由第二课堂、认知实习学期设置、创新创业教育模块、专业见习实习以及各子模块的实验、实训等系列实践育人环节紧密相连，构成了系统化实践育人体系，学校各专业实践学分全部达到了 30%以上。同时，“双师型”师资队伍不断扩大，实习基地建设根基不断稳固，企业“嵌入”课堂深度不断加大等，这都为创设经济工程专业和人才培养体系的建立铺设了前提条件。

3.2.3 中德合作办学经验的积累为经济工程专业本土化建构了基础要件

在中德共同合作举办经济学专业（经济工程方向）过程中，合肥学院经济系秉持学校开放育人的理念，坚持“干中学”的基本要义。该人才培养方案制订由德方负责，专业细化方向的子模块由德方教师承担，着实见证了德方应用型高等教育的发展理念和应用人才培养模式，不断反思我国地方高校专业设置和人才培养模式，将德国应用科学大学的专业设置与人才培养的一些先进理念和教学模式，不断内化为经济工程专业本土化的实际行动。开办经济工程专业，就是要为地方（合肥）培养能够在能源、环境等工程领域岗位从事工作的高端应用型人才，也是充分借鉴和利用德方合作办学经验的必然结果。

参考文献：

[1] Wirtschaftsingenieurwesen [EB/OL]. https：//de. wikipedia. org/wiki/Wirtschaftsingenieurwesen.

[2] 叶飞帆．高校怎么向应用型人才培养转型 [N]. 光明日报，2014 - 11 - 25（13）．

[3] 国家中长期教育改革和发展规划纲要（2010—2020 年）[EB/OL]. http：//www. moe. edu. cn/publicfiles/business/htmlfiles/moe/moe _ 838/201008/93704. html.

[4] 教育部，国家发展改革委，财政部．关于引导部分地方普通本科高校向应用型转变的指导意见 [EB/OL]. [2017 - 06 - 20]. http：//www. moe. edu. cn/srcsite/A03/moe _ 1892/moe _ 630/201511/t20151113 _ 218942. html.

[5] 孙诚．引导部分普通本科高校向应用型转变势在必行 [EB/OL]. [2017 - 06 - 20]. http：//www. moe. edu. cn/jyb _ xwfb/moe _ 2082/zl _ 2015n/2015 _ zl58/201511/t20151115 _ 219016. html.

[6] 张文兵．合肥学院："八个转变"提升应用型人才培养质量 [EB/OL]. [2017 - 06 - 27]．http：//edu. people. com. cn/n/2015/1127/c1053 - 27865572. html.

我国应用型高校经济工程专业建设研究

司武飞
（合肥学院　经济系）

摘　要： 我国应用型高校与研究型高校经济学本科教育同质化，导致经济学专业市场人才供求结构性过剩。基于供给侧视角，应用型高校设置经济工程专业是解决问题的可行路径。经济工程专业建设是应用型高校经济学本科专业改造的方向，符合应用性高等教育发展要求，顺应文理跨学科发展趋势，满足市场经济下复合应用型人才需要。应用型高校经济工程专业建设的逻辑起点是经济与工程交叉复合的市场岗位需求，培养理念是专业人才培养目标契合市场岗位能力要求，核心手段是重构以能力为导向的模块化课程体系，突破学科定势的传统课程体系。

关键词： 应用性高等教育；应用型高校；经济工程专业

国际上，当高等教育毛入学率达到15%时，一般认为高等教育进入大众化阶段。自2002年我国高等教育毛入学率达到15%以来，我国高等教育毛入学率不断增长，2014年增长到37.5%（图1）。随着我国高等教育毛入学率不断增加，应用性高等教育体系应运而生。应用性高等教育体系的主体是应用型院校，应用性高等教育体系要求应用型高等院校在学科建设和专业设置上必须从学术性转向应用性，必须遵循“应用性高等教育体系—应用性学科发

基金项目： 安徽省省级卓越人才教育培养计划项目：卓越经济工程师教育培养计划（2014zjjh037）。

作者简介： 司武飞（1968—），男，安徽合肥人，合肥学院副教授，河海大学博士，主要从事技术经济及管理研究。

展—应用性专业建设”的逻辑结构。市场经济下，为克服我国普通高等学校办学同质化趋向，根据国家教育中长期发展纲要精神，我国应用型院校应明晰自身发展定位，细分市场，以应用型人才培养为目标，重点扩大应用型、复合型、技能型人才培养规模，主动服务经济社会。

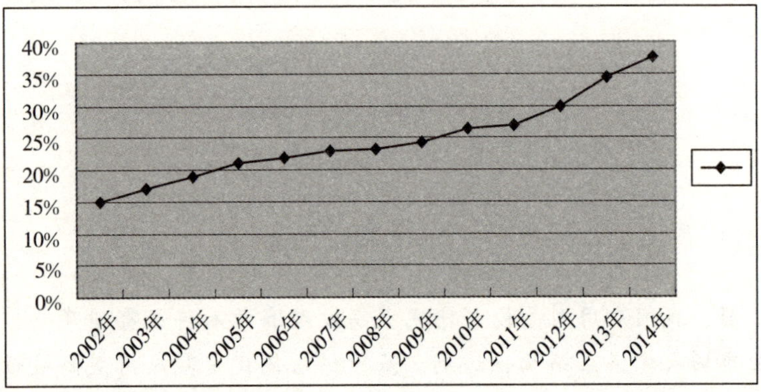

图 1　2002—2014 年我国高等教育毛入学率

1　我国普通高等院校经济学专业设置现状

根据教育部《普通高等学校本科专业目录和专业介绍（2012 年）》，经济学门类下设经济学、财政学、金融学、经济与贸易四大类；在经济学类下，共设有六个专业，其中编码带 T 的为特设专业。本文的“经济学本科专业”是指经济学类下编码为 020101 的经济学专业（表 1）。

表 1　我国普通高等学校经济学本科专业目录

<table>
<tr><td colspan="9">经济学门类（020）</td></tr>
<tr><td colspan="6">经济学类（0201）</td><td rowspan="2">财政学类（0202）</td><td rowspan="2">金融学类（0203）</td><td rowspan="2">经济与贸易类（0204）</td></tr>
<tr><td>经济学（020101）</td><td>经济统计学</td><td>国民经济管理</td><td>资源与环境经济学</td><td>商务经济学</td><td>能源经济</td></tr>
</table>

我国究竟有多少所院校开设了经济学本科专业？根据 2014 年全国高校信息综合查询系统中的高考志愿填报参考系统，查询经济学（020101）本

科专业招生院校，得出：全国共有518所本科院校开设了经济学专业（若统计三本院校，达620所），占我国1145所普通高等本科院校（2013年教育部官网统计数据）的45%，其中39所“985”院校只有电子科技大学、国防科技大学、西北工业大学、天津大学和中国科学技术大学5所未招生，其余34所都开设了经济学本科专业；118所“211”院校（含“985”高校及其分校）开设了经济学本科专业；开设经济学本科专业的地方性院校400所，占518所开设院校的77%。根据2014年全国高校信息综合查询系统中的高考志愿填报参考系统，高校类别分为：综合类、理工类、农林类、医药类、师范类、语言类、财经类、政法类、体育类、艺术类、民族类、军事类、其他类，其中，开设了经济学本科专业的高校的分类情况见表2所列。

表2　开设经济学本科专业高校按类别分布

综合类	理工类	农林类	医药类	师范类	语言类	财经类	政法类	体育类	艺术类	民族类
149所	131所	33所	8所	89所	7所	33所	9所	4所	1所	14所

根据教育部《普通高等学校本科专业目录和专业介绍（2012年）》，经济学专业培养目标为“培养站在时代前列，具有强烈民族精神和高度社会责任感，以马克思主义为指导，经济学基础理论功夫深厚，信念执着、品德优良、知识丰富，能够理论联系实际，了解中国国情，具有国际视野，具有强烈的创新意识和应用实践能力，能在高等学校和科研机构、相关政府部门、企事业单位从事经济学教学研究和经济管理等方面的高素质专门人才和拔尖创新人才。”然而，该专业人才培养目标不仅与综合类、理工类、农林类、医药类、师范类、语言类、财经类、政法类、体育类、艺术类和民族类等的518所院校中的经济学本科专业的人才培养目标趋同，而且34所“985”院校、118所“211”院校（含“985”高校及其分校）与400所地方性院校的经济学本科专业的人才培养目标也相近，基本都是“能在高等学校和科研机构、相关政府部门、企事业单位从事经济学教学研究和经济管理等方面的高素质专门人才和拔尖创新人才。”可见，我国经济学专业本科教育存在的主要问题是应用型高校与研究型高校之间经济学本科教育的同质化，从而导致人才供求结构性失衡。

2　德国应用科学大学经济工程专业经验镜鉴

德国应用科学大学专业的设立既要具有现实应用性，又要精准前瞻企业及市场未来发展的趋势。国际竞争以及技术发展和创新的持续活跃成为企业所面临的巨大挑战，未来的企业领导人和专业人才要想把握机会就必须结合复杂的背景关系考虑问题，从全局角度了解并理解企业各项业务流程。在此背景下，经济工程学包括理论、方法、工具和主体间可核实性的知识以及各种经济学科、工程学科和法律学科之间的关系。它作为企业经济与工程学之间的连接口，多年来发展成为一个独特的科学领域。经济工程学的内容具有跨学科性，因此往往形成非常复杂的系统。这其中包括开发、执行、实施、优化以及在符合法律要求和规定下对某些系统的实际操作。这些系统不像纯粹经济性或者纯粹技术性系统那样，而是作为整体系统被人们研究。经济工程学是从技术性、经济性和法律性角度，利用系统理论、统计学、运筹学等不同的方法设计和构建真实的经济性和技术性体系，同时将来自相应模式中对生产、制造、营销以及信息系统的要求引入现有的或者新型的真实系统中。

经济工程学是由经济学科和工程学科共同组成，两者同等重要。其内容为包括工程学科知识和经济学科知识的跨学科课程。它作为一门独特的学科同时也被列入众多大学工程学科的院系之中。经济工程不仅已经建立了独立的科学性课程，同时也被作为独立的科学性专业领域设立于公共以及私人的研究机构中。经济工程学的毕业生尤其具有在经济和技术交叉领域中完成跨学科相关性任务的能力。经济工程师能够基于他们所受到的培训清晰地判断出与经济、技术和法律相关的各种问题情况并有能力解决这些问题。这种既包含有企业经济学、自然科学、工程科学，又包含有法学的课程内容在过去的几年中被推广到许多国家。

在德国，许多应用科学大学都开设有经济工程专业。与以往德国专业设置的专向性不同，经济工程是一个交叉学科，这在德国以前是没有先例的。经济工程专业的课程综合了经济学专业和工科专业的课程，工科一般以机械和电子两个方向供学生来选择，同时在经济方面除了要学习经济法，宏观、微观经济学，还有投资、管理、市场营销等方向让学生作为选修课来学习。

经济工程师截至目前还未列入官方的统计。据不完全估计，德国有近 12.1 万名在职的经济工程师，其中四分之一以上年龄已经超过 50 岁。对经济工程师需求量最大的是机器制造业，其次是电子工业和汽车制造业。经济工程师在这些行业中的主要工作是市场营销、物流管理、物资管理、生产管理、财务管理和质量监督。通过对经济工程学课程的学习，学生们应该能够从不同的角度分析问题并且对其进行经济性和技术性的评判。力求通过跨学科的方法使得毕业生们获得处理问题的全局观。学科课程作为架在经济与工程科学之间的桥梁，汇集来自两个学科领域的内容与能力。为完成这一目标，课程设置不仅以在自然/工程和企业经济方面的专业能力培养为重点，同时在专业整合方面，如质量管理、项目管理、环境管理、流程管理和法律等方面继续进行开发。由此培养出毕业生们所必须具备的能力，以使得他们在技术与商业交叉领域胜任各项工作。德国经济工程师由于社会需求量较大，而毕业生的数量相对较小，因此就业前景非常广阔[1]。

德国应用科学大学的经济工程专业设置具有显著的应用性特色和职业导向，与应用科学大学明确的人才培养目标相一致，并且与普通大学注重基础性和学术性的专业设置形成良好的互补。目前在中国还没有完全跟德国经济工程专业相匹配的本科专业，不管是国内的工业管理或者工程管理，无论从课程设置还是学分分配上都存在较大差异。因此，德国应用科学大学经济工程专业人才培养对我国应用型高校经济学专业改造的镜鉴作用体现在多个方面。首先，德国应用科学大学开设了大量的实践性课程和案例课程，即使是理论性课程的学习也注重联系实践，特别强调学生运用理论知识解决实际问题的能力。其次，在师资选择上，除了常任的全职教授，还大量聘任来自企业界或其他社会单位具有丰富实践经验的特聘教师，在很多学校，兼职特聘教师的数量甚至远远多于全职教授的数量。即使是教授也必须拥有不少于 5 年的实践工作经历，包括 3 年以上在学术单位之外的工作经验。再次，应用科学大学在培养方案中安排有 1～2 个学期的“实习学期”，作为所有学生的必修环节，在实习学期，学生需要进入企业或其他工作单位参与实际工作。最后，应用科学大学学生的毕业设计也是与实践密切结合的。大部分学生的毕业设计选题都是在实习学期中确定的，而毕业设计的评价同样是以其应用性价值为标准的。

3　我国应用型高校经济工程专业建设的必要性

随着应用性高等教育从我国高等教育体系中分化独立，截至2014年，在我国1202所普通高等本科院校中，约占20%的“985”“211”院校走学术研究型之路，近70%的二本、三本院校以及独立学院的人才培养目标皆定位为“培养应用型人才”。然而，目前700多所应用型院校的本科专业人才培养方案与研究型院校的区分度不大，没有真正做到根据学科属性和经济社会发展的人才需要来培养从事应用科学研究和技术研发的应用型高级专门人才。以经济学科为例，在2012年教育部颁布的《普通高等学校本科专业目录和专业介绍》中，经济学门类下的经济学、财政学、金融学以及经济与贸易四大分类未能相应衔接匹配目前我国现实存在的学术性和应用性本科教育分类。

应用性本科教育必须有应用性学科和专业支撑，应用型高校经济工程专业建设正是应用性本科教育体系的要求。经济工程是从经济性、技术性和法律性角度，利用统计学、运筹学、系统工程等理论方法，设计和构建复合型的经济性和技术性体系。经济工程是经济学科和工程学科耦合而成的应用性交叉学科，由工学和经济学集成的跨学科课程体系支撑。

3.1　经济工程专业建设是应用性高等教育发展的必然要求

应用性高等教育的逻辑起点是市场需求，目标是培养应用型高级专门人才。应用性高等教育模式类似于企业由计划经济下的“供产销”转向市场经济下的“销产供”生产经营程式，即根据经济社会发展的实际需要开设专业以及改造专业培养目标，依据专业培养目标要求，构建模块化课程体系，从而实现应用型人才培养。因此，应用学科支撑应用性高等教育发展，应用学科建设的基础是应用性专业建设，应用性专业建设强调理论知识的实际应用，解决经济社会发展中的现实问题。目前，开设了经济学本科专业的400所地方性应用型本科院校，在经济学专业建设以及培养目标上，与118所研究型大学的经济学专业建设以及培养目标的差异性、区分度很小，还未能真正面向市场，走向应用；在人才培养目标上，还是强调知识的系统性和理论基础的扎实性，重文本轻实践、重传承轻创新，与市场经济下的复合型、交叉型、应用型人才需要不相适应。目前国内不管是学术型大学还是应用型高校，网络浏览其经济学专业的培养规格和要求几乎都是“本专业要求学生系统掌握经济学基本理论和相关基础专业知识，了解市场经济运行机制，熟悉党和国家的经济方针、政策和法规，了解中外经济发展的历史和现状，了解经济学的学术动态，具有运用数理分析方法和现代手段进行社会经济调查、经济分析和实际操作的能力。毕业生应具备以下几方面的知识和能力：掌握马克思主义经济学、当代经济学的基本理论和分析方法；掌握现代经济分析方法和计算机应用技能；了解中国经济体制改革和经济发展；熟悉党和国家的经济方针、政策和法规；能从专业角度看待国家经济发展问题；掌握中外经济学文献检索、资料查询基本方法，具有一定的经济研究和实际工作能力。”[2] 对于学术型大学而言，这样的经济学专业培养规格和要求无可厚非，但是，对于应用型高校来说，如此培养规格和要求不仅与学术型大学的区分度太小，而且与市场的复合型人才需要相去甚远。

由此可见，应用性高等教育体系形成和发展要求应用型高校在学科建设和专业设置上必须从学术性转向应用性，必须遵循“应用性高等教育体系—应用性学科发展—应用性专业建设”的逻辑结构。增设经济工程专业是应用性本科教育体系发展的必然要求，是应用性本科教育理工结合、文理渗透的体现，是对经济学本科专业的应用性改造。

3.2 经济工程专业建设顺应文理跨学科发展趋势

随着当代科技的快速发展，各种交叉学科、边缘学科成长迅速，技术交叉和融合越来越频繁，复杂的高科技工程必须通过多学科、多种技术共同协作完成。在此背景下，国外跨学科的理论和实践研究应运而生。

在跨学科课程实践领域里，美国的麻省理工学院率先开设了旨在拓宽和增强工程教育人才知识面和技术水平的跨学科综合课程，马里兰大学、俄亥俄州立大学也要求学生必须参加一定学分的跨学科课程学习，以提高综合应用能力。日本在 1995 年开设跨学科、综合性课程的大学占全国大学总数的 70%以上。法国大学强调本科教育的“多科性”原则，重视基础知识和跨学科教学，努力实现基础科学与技术、工程科学相结合，人文科学、社会科学与自然科学相渗透[3]。德国应用科学大学首次创新设置了经济工程跨学科交叉专业，经济工程专业课程体系综合了经济学专业和工科专业的课程，工科一般以机械和电子两个方向供学生来选择，经济与管理方面要学习经济法，宏观、微观经济学，投资、管理、市场营销等课程。德国的在职经济工程师，机器制造业需求量最大，电子工业和汽车制造业次之。经济工程师在这些行业中除了参与市场营销、物流管理、物资管理、生产管理、财务管理和质量监督等工作外，主要是分析与经济、技术和法律相关的各种问题，进行经济性和技术性评判并有能力解决这些问题。

目前，我国应用型高校，将高等教育职能与大学内部特征以及市场人才需求特点相结合，进行跨学科专业设置、跨学科课程设计的应用实践还是星星之火。从经济学学科本身考察，前古典经济学时代经济学从属于哲学，自经济学脱胎哲学成为一门独立学科起，经济学一刻也未停止跨学科发展的步伐。经济学与统计学、数学的融合形成了计量经济学、数理经济学；博弈论得益于经济学与物理学、信息科学的融合；伦理学与经济学的结合形成伦理经济学；法学与经济学的融合形成了产权和制度经济学派；心理学与经济学的融合变革了传统理性人假设的思维方式。总之，经济学在与其他学科门类的哲学、法学、历史学、理学、管理学的跨学科发展中，形成了各种经济学派，丰富了经济学理论体系。

经济学从解释现象到决策应用，从决策应用到工程设计，这样的演进方向，极大地提升了经济学的实践应用价值，使经济学终于到了为经济社会直接创造价值的经济工程阶段[4]。经济工程学包括理论、方法、工具和主体间可核实性的知识以及经济学科、工程学科和法律学科之间的关系。作为企业经济与工程学之间的连接口，正发展成为一个独特的跨学科领域。正因为经济工程学的内容具有跨学科性，因此往往形成非常复杂的系统，包括开发、执行、实施、优化以及在符合法律要求和规定下对某些系统的实际操作。这些系统并非纯粹经济性或者纯粹技术性系统，而是作为整体系统被人们研究。经济工程学是从技术性、经济性和法律性角度，利用系统理论、运筹学、统计学等不同的方法，设计和构建真实的经济性和技术性体系，同时将来自相应模式中对生产、制造、营销以及信息系统的要求引入现有的或者新型的真实经济与工程系统中。

3.3 经济工程专业建设满足经济社会复合型人才需要

随着我国市场经济的深入发展，过去单一的学术型人才培养目标越来越不适应经济社会对多样化人才的需要，出现“就业难与招聘荒并存”，“硕士博士满街跑，技工技师无处找”的现象。这些现象反映了高校人才培养目标未能因时而变，专业设置滞于市场需要，人才供给结构性失衡。因此，高等学校必须面向市场设置和调整专业，满足经济社会对高层次应用型人才，尤其是高层次复合型应用型人才的需要。

在后国际金融危机时代，世界经济增速放缓，国际市场需求下降，虚拟经济发展过度，实体经济回归焦点。制造企业为节约人工成本，迫切需要既熟悉工程技术，又掌握经济系统分析的经济工程类高级专门应用型人才。理论层面，市场愈发达，分工愈细化，专业愈加新，人才专且精；实践层面，如同企业的存在节省了市场的交易费用，复合型人才的出现节约了企业专业性人才的交易费用。市场经济越发展，复合型人才越需要。目前在德国，经济工程毕业生几乎无人失业，与其他工程专业不同，经济工程专业的招生数量不降反升。目前国内高校在工科门类中的有关专业开设的工程经济学课程证实了社会需要经济与工程交叉的复合型人才。根据《国家中长期人才发展规划纲要（2010—2020年）》预测，到2020年，国民经济发展重点领域如能源资源、装备制造、航天航空、国际商务、住宅产业化、现代交通运输、生物技术、新材料等方面，我国急需紧缺专门人才达500多万。以建筑业为例，工程造价既要对工程整体环境及背景有整体认识，又要应用预算专业知识对工程造价有整体掌控。一个工程项目造价的形成非常复杂，不仅决定工程项目本身，而且与项目资金的来源组成、项目投资管理、项目投资地区及国家有关的财政税收政策有关，这就要求造价人员必须是复合型人才，既要具备专业知识和技能，同时也要具有经济学知识，有分析问题、解决问题的能力[5]。对房地产开发企业发放500份问卷，收回438份，问卷针对房地产开发企业招聘工程技术人员的要求进行设计。问卷整理分析得出：90%的房地产开发企业对既能设计又懂材料市场价格变化以及工程成本预算的多能型人才愿意出高薪聘请。反观高校的人才培养，传统经济学专业的学生只掌握经济理论知识，对建筑工程知识知之甚少；而传统工程建筑类学生只会工程设计、绘图，而建筑项目的市场价格、成本核算等经济知识更是匮乏。另一方面，城镇化深入发展带来的城镇规模扩张，市政工程管理方面迫切需要城市环境工程经济学、城市能源技术系统应用、电子数据处理、城市交通工程经济、城市垃圾处理工程经济等方面的复合型经济工程人才。因此，市场经济下，经济社会越来越需要既懂经济学科知识又懂工学学科知识的经济工程复合型人才。

总之，在市场经济条件下，经济学与工学在应用实践上的交集愈发放大，经济社会越来越需要既懂经济学科知识又懂工学学科知识的复合型人才。经济工程专业人才培养目标是培养在经济和技术交叉领域中完成相关任务的复合型人才，具有从不同角度分析问题并且进行经济性和技术性评判的能力。经济工程师能够清晰地判断出与经济、技术和法律相关的各种问题并有能力解决这些问题。因此，在我国社会主义市场经济条件下，应用型高校增设经济工程专业满足了经济社会复合型人才的市场需要。

4 我国应用型高校经济工程专业建设保障措施

4.1 应用型高校经济工程专业建设离不开主管部门的认可与支持

一方面，市场经济越发展，社会分工越细化，学科专业越分化；另一方面，市场经济越发达，学科融合越深化。高度市场化的欧美发达国家，学科融合应用研究深入，高校增设的跨学科专业能够得到社会广泛响应。欧美发达国家学科融合形成的跨学科专业没有统一标准的专业目录，各高校具有自主确定跨学科专业名称的权利，课程体系由教授根据社会需要组织审定，进而形成不同的模块课程体系，最终形成跨学科专业。不同的模块课程组合，由于侧重点不同，专业名称也不一致。例如，德国应用科学大学将经济学科与工科相融合形成了“经济工程”专业；英国牛津大学则直接命名为“经济学与工程科学”专业。在我国，尽管《国家中长期教育改革和发展规划纲要（2010—2020 年）》第十三章第三十九条提到了 7 个“自主”，其中，第二个“自主”就是学校“自主设置和调整学科、专业”，但是，现阶段我国高等学校的本科专业设置与调整由教育部或地方教育厅进行备案、审批管理，专业设置与调整的程式性较严，尤其是新建地方应用型二本院校增设的新专业不在《普通高等学校本科专业目录（2012）》之内，即目录外专业的审批程式更严。因此，借鉴德国应用科学大学经济工程专业的办学经验，增设应用性的经济工程专业离不开各级主管部门的认可与支持。

4.2 应用型高校经济工程专业设置的培养目标以及岗位能力结构

应用型高校经济工程专业培养具有向经济学与工程学交叉领域扩展渗透的能力，能在综合经济管理部门、政策研究部门、金融企业评估机构从事经济与工程相关业务的成本预算、分析、规划、资产评估以及工程经济管理工作的高级应用型人才。要求学生系统掌握经济学基本理论和工程学相关基础专业知识，了解市场经济运行机制，熟悉党和国家的经济方针、政策和法规，了解中外经济发展的历史和现状，了解经济学的学术动态，具有运用数理分析方法和现代手段进行社会经济调查、经济分析和实际操作的能力，具有较强的文字和口头表达能力的专门人才。

4.2.1 专业能力和能力要素确定思路

首先，应用型高校根据地方经济社会发展的客观需要以及市场人才需求确定经济学专业的岗位群；其次，对应用经济学的最新发展趋势以及经济学专业的岗位群的专业能力需要进行广泛深入调研，结合本科教学的要求，确定本专业的专业能力；再次，将专业能力进一步细化分解成相应的能力要素。经过调研和分析，经济学专业定位的岗位群为：一是面向各级政府管理部门、科研院所、高等院校从事经济管理、经济政策分析等工作；二是面向企事业单位从事实际经济工作以及经营管理工作。

4.2.2 专业能力和能力要素对应关系

合肥学院经济系依据学院“地方性、应用型、国际化”的办学定位，结合安徽地方经济发展实际，实地调研政府相关部门、企事业单位的经济学专业人才需求，明晰了经济学专业岗位群对专业能力的要求，确定了本专业的四大专业能力，即经济理论应用能力、统计财务分析能力、现代企业管理能力、营销管理创新能力以及经济工程实践能力，进一步梳理、细化分解成相应的能力要素，二者的对应关系见表3所列。

表3　经济学专业能力和能力要素以及课程模块之间对应关系表

专业能力	能力要素
经济理论应用能力	1. 掌握政治经济学、西方经济学的基本理论，能够运用经济学的基本理论分析宏、微观经济问题 2. 掌握财政基础理论，把握财政分配的基本政策手段；熟悉财政、税收、补贴等基本业务能力 3. 掌握贸易、金融的基本原理，能运用基本经济原理分析解决现实中经济问题的能力 4. 运用经济学基本理论服务地方经济与社会
统计财务分析能力	1. 具备经济数据搜集和整理的能力，能运用相关工具，根据统计指标分析经济现象 2. 具备企业费用与利润核算、效益分析的能力 3. 具备系统财务分析能力，能根据会计信息进行企业投融资决策，评估财务风险
营销管理创新能力	1. 掌握企业管理基本原理，具备对企业生产、经营等环节进行计划、组织、协调与控制的能力 2. 具备项目管理的相关能力、财经写作能力以及财经专业双语跨文化交流沟通能力 3. 能够根据调研的具体情况设计符合要求的问卷，具备撰写市场调研报告并做出相关决策的能力 4. 具备市场开拓、广告宣传以及营销策划的能力
经济工程实践能力	1. 房地产经济工程应用能力，掌握房地产开发项目策划及项目融资方法；具备编制房地产投资项目分析报告的能力；通过认证，具备从事房地产经纪业务的能力 2. 企业纳税筹划应用能力，具备解决实际经济业务中涉及的税收问题的能力；具备理解和运用税收优惠政策帮助企业合理避税的能力

4.3　应用型高校经济工程专业建设需要创新构建模块化课程体系

经济工程专业是经济学与工学两个学科相互融合而形生的一个实践性、应用性专业，经济工程专业应用型人才培养目标的实现，关键是构建创新符合市场需要的课程体系。如何创新课程体系？按学科设置的“公共课—专业基础课—专业课—专业选修课”的传统课程逻辑框架，在学术型大学实施无可厚非，也是非常合理和必要的。但是，对于应用型院校的应用性专业而言，因为市场是动态变化的，所以市场需要的岗位能力及其能力要素也是动态变化的，从而使得按学科体系设置的静态的传统课程逻辑框架不能及时、有效地反映和预见市场的动态变化，导致人才供求结构失衡。因此，按市场岗位群及其能力要素内生性重构应用性专业的课程体系，成为应用性高等教育的必然要求。

模块化课程框架能够契合应用性专业内生性的市场要求。模块化课程是基于应用性专业的市场岗位群所要求的能力以及能力要素，对传统课程内容，通过“增加、保留、删除、减少”进行组合重构，每个模块化课程完成一个特定的能力或能力要素，所有的模块化课程按岗位群能力及其能力要素分类成为一个整体，从而构成应用性专业的课程框架。模块化课程由模块描述、能力培养、内容组合、模块实施以及动态更新等部分组成，是反馈市场需求的岗位群及其能力和能力要素，从而实现应用性专业人才培养目标。市场需求的岗位群以及岗位群要求的能力及其能力要素是架构在模块化课程与专业培养目标之间的桥梁和纽带，相互间的关系如图 2 所示。

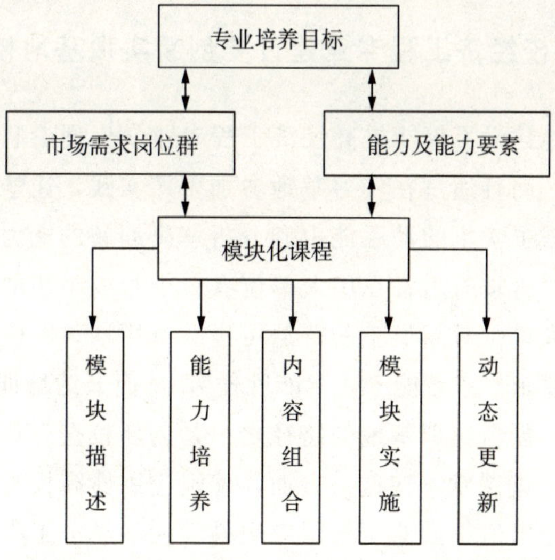

图 2　模块化课程与岗位群能力以及专业培养目标之间的关系

4.4 应用型高校经济工程专业建设需要建立一支双师型师资队伍

教师是教学活动的主体，高素质的师资队伍是专业教学质量提高和人才培养目标实现的根本保障。经济工程专业师资团队建设需要一支既熟练掌握经济理论又具有工程实践丰富经验、积极进取、敢担重任的双师型师资队伍。要根据实际需要，支持教师深入企业一线，学习实实在在的生产技术、产品开发等，以提高教师自身的实际动手能力。同时，也要鼓励企业管理人员和技术能手到高校挂职锻炼，让企业了解当前学生情况，有针对性地指导教学工作。

4.5 应用型高校经济工程专业建设需要建设现代化综合实验平台

经济工程专业的应用型、复合型人才培养目标离不开实验教学，经济工程专业的现代化实验平台建设要保证各相关课程的实验教学要求，要满足验证性、设计性、创新型实验的要求，要保障专业科学研究以及产学研合作项目等相关实验要求。

4.6 应用型高校经济工程专业建设要创新实训基地校企合作模式

实习实训基地建设不仅能提高经济工程专业学生理论联系实际以及主动适应社会的能力，而且通过在实习基地参加生产实践，让学生熟悉了企业生产的全过程，增强了学生的动手能力和分析解决问题的能力，缩短了毕业生的工作适应期。尽管被聘用者在用人单位有 3 个月或 1 年的试用期，但市场经济条件下，用人单位对新员工的待遇可以有试用期，岗位能力和岗位经历却不给试用期，要求“来者能干，干能胜任”，从而节约培训成本。因此，对应用型院校来说，创新实训基地的路径之一是创新校企合作模式：把课堂搬进企业，请企业走进课堂。在这一方面，德国应用性高校与企业法定契约式校企合作模式的经验值得借鉴：德国应用科学大学经济工程专业本科生必须有 6 个月或 1 年的时间在与专业相关的企业带薪实习，政府规定企业必须接纳学生实习，薪水由政府承担。

参考文献：

[1] 勾启辉．应用科技大学：德国留学的亮点［J］．成才与就业，2013（08）：50－51.

[2] 教育部高教司．普通高等学校本科专业目录和专业介绍（2012年）［M］．北京：高等教育出版社，2012.

[3] 胡迎春．论计算机专业跨学科教育改革的必要性［J］．科技咨询导报，2007（27）：221.

[4] 高利民．经济学进入工程时代［N］．东方早报，2012－10－17（9）.

[5] 张衍林．工程造价专业人才需求调研报告［J］．现代企业教育，2012（14）：116.

新工科视角下经济工程专业建设思考

江玉荣 陈江华
（合肥学院 经济系）

摘 要： 经济工程专业开始于德国，它横跨经济学与工学，是工学知识和经济学知识互相交融的开放性专业，旨在培养既懂经济学又懂工程学的复合型人才。它在产生背景、教育理念、培养模式、培养目标等方面与新工科建设具有内在契合性。我国中德合作经济工程专业办学已近十年，但还存在办学规模小、招生人数少、学科队伍人才缺乏、课程设置不合理、学科研究不足等诸多问题。在大力推进新工科建设氛围下，要以理念创新积极推进经济工程专业本土化进程，以管理创新激发经济工程专业活力，以理论创新促进经济工程专业建设和学科研究，以培养方案创新提升经济工程类专业建设内涵，以队伍创新支撑经济工程专业人才培养质量。

关键词： 新工科；经济工程专业；学科；交叉融合

经济工程专业开始于德国，它横跨经济学与工学，是工学知识和经济学知识互相交融的开放性专业，旨在培养既懂经济学又懂工程学的复合型人才。[1]我国同济大学与合肥学院分别在2008年、2012年开设了中德对外合作

基金项目： 安徽省教育厅重大教学改革研究项目“应用型高校经济类专业‘双创’型人才培养研究”（2015zdjy143），2016年安徽农业大学校级质量工程项目“法学专业‘双创’型人才培养研究——安农法学与盈科律师事务所共建”项目中期成果。

作者简介： 江玉荣（1979—），女，安徽池州人，合肥学院副教授，博士，研究方向：法经济学、社会保障制度；陈江华（1966—），男，安徽潜山人，合肥学院经济系教授，博士，研究方向：法经济学、知识产权。

办学的经济工程专业，经济工程专业的理念、方法契合我国当前在高等教育领域积极推进的新工科建设。新工科是基于工程学科与其他学科的交叉融合，或者由不同工程学科的交叉而产生的新的工科专业。[2]如果说新工科是高等教育的试验田，经济工程专业便是这块“田”里焕发蓬勃生机的幼苗，以新工科建设为背景研究经济工程专业本土化与建设路径，可以积极推进经济工程专业建设，同时也为新工科教育的理论和实践探索提供一个全新的视角。

1 经济工程专业与新工科建设的内在关联性

1.1 产生背景相同：回应经济社会发展需求

“教育转型始终是社会转型的结果与症候”[3]，有生命力的高等教育应该是一个复杂的、多层结构的开放系统，决不能脱离社会经济发展现状。历史证明历次产业革命都会带来高等教育的变革，新工科建设与经济工程专业的产生都是基于时代发展要求，尤其是技术发展对社会经济带来的深刻变化。经济工程专业产生于 1927 年的德国，但直到 1990 年之后才开始兴起并像雨后春笋一样在德国各大高校开设，究其原因是当时德国进行了以发展新经济产业为核心的产业结构调整，对经济工程复合型专业人才需求急剧增加。经济工程专业已成为当前德国最受欢迎的专业之一。我国新工科建设可以追溯到“卓越工程师”计划，在我国实施创新驱动发展和“中国制造 2025”“一带一路”背景下以及对全球经济未来发展态势的研判下，相关主管部门认为我国工程教育供给与需求不相匹配，高等教育需要培养基础扎实、工程业务能力强、综合素养高的工程科技复合型人才。[4]在此背景下，2016 年国家提出新工科概念，教育部于 2017 年初正式推出“新工科”计划，2017 年 2 月达成“复旦共识”、4 月发布“天大行动”、6 月形成“北京指南”，可以说新工科已经迅速从理念落实到行动层面，且呈现出生机勃勃的局面。2017 年 6 月教育部正式发布了《新工科研究与实践项目指南》（以下简称《指南》），《指南》指出新工科是服务国家战略、满足产业需求、面向未来发展的工程学科与专业，以培养造就一批具有创新创业能力、动态适应能力、高素质的各类交叉复合型卓越工程科技人才为目标。[5]新工科建设和经济工程专业都是高等教育基于社会经济发展需求而作出的积极回应，他们不仅仅是创设一个或几个新专业，而是一个开放包容系统，能随着经济社会发展进行动态调整。

1.2 教育理念契合：基于多学科交叉融合

学科是高校进行人才培养、学术研究的基本功能载体和工作单元。[6]但学科分类具有人类认识上的局限性、主观性以及人类社会发展的历史烙印，当今经济社会急剧发展及其产业变革必然突破原有的学科界限和产业划分。新工科与经济工程专业突出表现为跨越现有学科界限和产业边界，突破学科壁垒，消除专业藩篱，实现多学科的交叉融合。这种交叉融合不是简单学科或个别理论互动，而是基于社会、经济、技术等现状与未来发展需求基础上，深刻理解并分析这些学科之间的内在联系，使得相关学科在理论方法、结构内涵等方面形成互动并有机结合，形成能适应当前并前瞻未来的新的综合学科。同样，经济工程专业横跨经济学与工学，但它并不是经济学与工学的简单叠加与拼凑，是互相交融、有多个方向并具有开放性、包容性的专业。从课程设计来说，经济工程专业的课程涵盖经济类和工类两个部分，但每个高校开设的专业方向及课程差别较大、各具特色。根据德国开课情况来看，经济类课程（或模块）一般较为固定，涵盖宏观经济学、微观经济学、企业管理、物流管理、金融、法律等；工类课程（模块）差距较大，一般有一个主方向如机械制造、电子信息，相关课程设置都是围绕特定方向进行构建。如德国亚琛工业大学经济工程专业工科就有电子能源技术、建筑、机械制造、材料与工艺技术 4 个方向；德国哥廷根应用科学大学主要有能源环境工程和机械制造方向。[7]

1.3 人才培养模式相通："以学生为中心"的柔性化培养方案

当前高等教育的突出矛盾表现为人们对高质量的教育需求与优质教育资源供给不足之间的冲突。[8]"以学生为中心"的个性化的因材施教是高质量教育的核心内容之一。2017 年 4 月 8 日，教育部在天津大学召开新工科建设研讨会提出"落实以学生为中心的理念，加大学生选择空间，方便学生跨专业跨校学习，增强师生互动，改革教学方法和考核方式，形成以学习者为中心的工程教育模式。"[9]新工科改革本身就是以学生能力、兴趣以及将来职业为导向，它的提出与推进就是为了打破原有的“以教学者为中心”的僵化教学模式。经济工程专业本专业是以“工学＋”或“经济学＋”模式而设置的专业。学生对于专业选择有较大的自主权，沿循由“兴趣→专业→职业”的个性化职业生涯成长路径，高度契合学生成长成才多样化的内在要求。区别于一般经济类专业或工学，经济工程专业学生在低年级阶段学习经济知识，目标在于培养经济学科思维和评判分析能力，而在高年级阶段则要结合个人兴趣、特长自主选择接受工学方向的理论知识和能力训练。德国经济工程专业课程体系都实行了模块化改革，突破以往以学科为逻辑的课程设计，通过对培养目标进行深入分析，确定不同模块具体能力要素与相关模块之间的逻辑关系，最后形成结构严密、层次递进、过渡流畅并相互支撑的契合学生发展方向与兴趣的课程体系。

1.4 人才培养目标趋同：应用型复合人才

无论是经济工程专业还是新工科，最终落脚点是在复合型应用人才的培养目标上。新工科的“天大行动”指出，新工科要根据产业需求建专业、依据技术发展改内容。新工科建设学科之间的交叉融合并不是凭空想象或仅仅理论分析，必须经过充分的市场和产业调研、分析和预测，在培养过程中还要根据市场需求动态调整，它用类似“卓越计划”提出的由国家标准、行业标准和学校标准三级标准构成的质量标准体系。对地方院校开设的新工科要求更加明确，要求主动对接地方经济社会发展需要和企业技术创新要求，培养具有较强行业背景知识、工程实践能力、胜任行业发展需求的应用型和技术技能型人才。德国开设经济工程专业的大多为应用型科学大学。同济大学中德工程学院在建院（2004 年）之后 4 年打算再办一个合作专业，在研究德国高校及调研在中国的德资企业之后，同济大学得出经济工程专业最受欢迎，由此开启了首家中德合作经济工程专业。合肥学院中德合作经济工程专业筹备时也做了大量调查、研讨，一开始就将其培养目标、培养手段和方式都定位为应用型人才培养，并根据学生未来发展方向和就业方向不断调整。在教学过程中，经济工程专业注重通过产教融合、产学结合、校企合作的育人机制，力求实现人才培养规格与地方经济发展、行业岗位需求的无缝“续接”。

2　我国经济工程专业办学实践与存在的主要问题

2.1　经济工程专业在我国的发展现状

我国经济工程专业“移植”于德国，与德国合作办学较早的同济大学和合肥学院两所大学意识到经济工程专业培养人才优势及受社会欢迎度，在调研分析基础上开设了中德合作经济工程专业。同济大学于2008年首次开设经济工程专业，采取双校园（3＋1）模式，采用中德双语教学模式，在同济大学学习三年，要求通过“德福”考试，第四年在德国学习剩下课程、进行毕业实习并完成毕业论文，合格之后授予本科双学位。[10]2012年，合肥学院与下萨克森州希尔德斯海姆-霍尔茨明登-哥廷根应用科学大学（简称哥廷根应用科学大学，HAWK）合作开设中德合作经济工程专业，有不动产经济、环境工程、建筑工程三个专业方向，中德双方根据不同专业方向制订人才培养方案，2015年获得德意志学术交流中心（DAAD）资助。学生首先在合肥学院完成本科阶段前三年的学业，德语要求同样是通过“德福”考试，第四年赴德国完成专业方向课程、毕业实习和毕业论文。双方在共同商定人才培养方案的基础上，充分利用中德两国大学的优质教育资源，中德双方教师共同完成专业课教学，其中由德方派驻教师教授完成专业课程比例约为60%。学生按规定完成学业之后，由合肥学院与哥廷根应用科学大学颁发毕业证书；符合双方学士学位授予条件，由合肥学院与哥廷根应用科学大学分别授予学士学位。合肥学院经济工程专业特色在于它结合自己教学改革进行了创新，全程实行模块化教学方式，通过公共基础课整合、专业基础课优化、自主学习强化、打破课程界限等方式，对教学内容进行优化、整合、重组；同时大量采用“项目研讨式”教学方式，以提高学生独立思考、团队学习、语言表达能力。2017年，德国中央评估与认证机构组织专家通过非现场的材料评估和现场调查、走访、视频会议等多种方式对合肥学院经济工程专业进行评估，该机构于2018年向合肥学院颁发了中德合作经济工程专业的认证证书。在本土化方面，目前合肥学院经济工程专业已经获教育部批准，2018年作为一个新的专业招生。[11]中德经济工程合作办学共同特点是：一是两所学校（同济大学、合肥学院）已经开展中德合作办学多年，积累了丰富经验，构建了良好沟通机制，取得了一定成效；二是中德经济工程专业办学都是依据自己本身具有的优质资源、综合合作方面的优势选择专业方向；三是从教材的选择、培养方案的制订、师资的安排等方面深度借鉴、学习德国模式。

2.2 我国经济工程专业办学存在的主要问题

2.2.1 规模小、招生人数少

经济工程专业产业于1927年的德国，但直到20世纪90年代之后才兴起，截至2017年5月5日，德国共有88所应用技术大学、30所综合大学和工业大学、15所职业培训机构设立该专业，也是众多雇主心中最受欢迎的专业。[12]目前国内只有同济大学、合肥学院两所高校开展了经济工程专业项目，都是与德国合作。同济大学有机械、电子、物流等3个方向；合肥学院有建筑节能、环境工程、不动产等3个方向。同济大学在当年学校普通招生代码中招收的新生中选拔，合肥学院采取独立的招生代码招生，学生招生时直接录入经济工程专业。但共同特征是招生规模较小，合肥学院每年招生规模为20～30人，而且还受制于合作办学较为高昂的学费，既满足不了考生需求，也满足不了社会经济发展需要。

2.2.2 学科人才队伍缺乏

多学科交叉融合的教师队伍是办好经济工程专业的核心条件之一，但目前我国师资力量明显滞后于教学需求。同济大学经济工程专业前三年的专业课基本由国内教师承担，德语课部分由德国教师承担，最后一年由德国教授承担；合肥学院经济工程专业核心课程占全部专业课程的60%，且德方教师承担的专业核心课程的门数和教学时数均占全部课程和全部教学时数的50%以上，部分德语课和最后一年课程由德国教授承担。本土化的专职经济工程专业教师非常缺乏，同济大学经济工程专业专职教师只有6名，其中教授1人，副研究员1人，讲师4人；合肥学院因为大部分课程都是德方授课，专职教师更少。师资力量是培养人才的关键，也是经济工程专业本土化核心制约因素。

2.2.3 课程体系还在探索中

经济工程专业横跨经济学与工学，如何在海量知识体系中遴选出适合培养目标的知识点，并且设计出相互衔接、有内在逻辑联系并契合我国经济社会发展需求的课程体系是一件非常难的事情。在德国，经济工程专业学业一般都很繁重，课程容量大、课程跨度大、课程数量多，课程的选择与优化就更加重要。国内中德合作的经济工程专业更是如此，除了专业课的学习，还要加上高强度的德语学习，在毕业前要求通过“德福”考试，所以很多学生都觉得“苦不堪言”。同济大学经济工程专业学习包括了经济学，又可以在完成工程学学业后，再学习物流学和附加课程。合肥学院实行模块化教学，除了德语始终贯穿大学四年的学习，每个学年都要完成八个不同模块，每个学期都要完成一个模块，如第一学期第一个模块包括自然技术基础（1）、中方特别课程、工程基础，其中自然技术基础（1）由建筑构造、工程材料/技术、能源技术课程组成；工程基础由数学、电子数据处理、EDV技术力学课程组成。中德合作经济工程专业受制于“合作”，是对德国课程的模仿或按照德国要求设置，并且德语学习在其中占据着重要位置。这样的课程设置肯定存在“水土不服”等问题，学生学习起来更是任务重、压力大。

2.2.4 学科领域的学术研究缺失

由于经济工程专业在国内是新事物，目前只有同济大学与合肥学院开展相关合作办学项目，关注的人并不多。用“经济工程专业”为题目在中国期刊网进行搜索，截至2018年3月9日，只检索到3篇文章。研究新工科的相关文献中，找不到经济工程专业的影子，学者们还没有注意到两者之间的内在联系。在中德经济工程专业中，更多是对德国相关专业的模仿，并没有结合我国高等教育实际提出具有特色的方案，如对中德资源的利用、中德师资不同定位、教材的选用等方面缺少深入研究。作为新工科鲜活例证的经济工程专业在德国早已根深叶茂，在我国也合作办学多年，在大力推进新工科建设氛围下，应该加强本土化及两者互动性研究。

3 新工科视角下经济工程专业建设的创新路径

3.1 以理念创新积极推进经济工程专业本土化进程

经济工程专业本土化就是现在中德合作经济学专业在我国现有经济学科

或工程门类下设置为一个独立的新专业进行招生。首先，我国经济社会发展急需大量既懂经济也懂工程的人才，将新工科建设理念结合德国办学经验内化改造国内传统专业，会从源头增加经济工程复合型人才供给。其次，经济工程专业本土化可以与新工科形成良好互动关系，一方面在新工科大背景下，经济工程专业可以更快更好地本土化；另一方面经济工程专业建设可以丰富新工科的发展内涵，能为其推动和实现专业的复合化、专业的转型改造以及应用型人才培养模式提供新思路。另外，同济大学与合肥学院多年中德合作办学为经济工程专业本土化提供了有益的借鉴，尤其是教育教学改革，如合肥学院的模块化改革为经济工程专业本土化创造了必要条件。

2011年国务院学位委员会、教育部颁布实施的《学位授予和人才培养学科目录》没有对交叉学科设置做相关规定，在教育部全国第四轮学科评估中也不含交叉学科。这是制约包括经济工程专业在内的新工科建设重要的体制障碍，主管部门要在学科专业目录的设定和学位授予方面，给予新工科预留充分的发展空间。新工科专业可以分为新型学科专业、新生学科专业和新兴学科专业三种类型。新型学科是对传统的、现有的学科专业进行转型、改造和升级而形成的新的学科专业；新生学科是由不同工程学科的交叉复合或由工程学科与其他学科的交叉融合而产生的新的学科专业；新兴学科是指全新出现、前所未有的新的学科专业。[13]经济工程专业可以归结为新工科中的新生学科。在大力推进新工科建设的大背景之下，扩大高校包括学科专业设置和调整招生、学位授予等方面的办学自主，需要各级政府进一步简政放权，打破各种束缚工程教育改革与发展的体制和机制障碍，为经济工程专业更大范围申报提供政策支持。[14]

3.2　以管理创新激发经济工程专业活力

高校的管理单元大多按照学科来设置，推动交叉学科建设、深化交叉学科研究，要从根本上突破以传统学科界限为基础的科学研究和学科范式，局部的、零碎的改良会让权责不分、界限模糊，在推进时应该加强顶层设计，系统谋划，整体突破，从政策层面，逐步建立有利于创新、交叉、开放和共享的体制机制。具体到经济工程专业，国内合作办学的两所学校都成立了专门机构来管理协调相关事务，分别是同济大学中德工程学院（CDHAW）、合肥德国应用科学学院（DHH）。但这两个机构都是学校的二级单位，经济工程专业的教学、项目开展往往涉及多个部门，容易产生推诿与责任不清问题。经济工程专业本土化第一步就是创新管理模式，打破原有院、系建制的组织惰性，克服现行教学科研体制矛盾，搭建功能定位明确的交叉学科建设平台，统筹管理协调经济工程专业教学、科研与行政事务。

3.3 以理论创新促进经济工程专业建设和学科研究

教育理论的最终目的是解决教育实践问题，经济工程专业与新工科建设都是高等教育领域中的新事物，没有现成的理论框架与分析范式，理论研究深度将影响着改革进程。首先，对经济工程专业研究应当是一个多学科视角，知识发展沿着混沌—分化—融合螺旋式上升，当今知识高度分化又高度融合，原有的学科不断交叉、融合衍生出新的学科，从而决定包括经济工程专业在内的高等教育理论研究应该走出经典学科范式迈向多学科视角，从简单的研究对象、特有研究方法到复杂研究对象、开放研究方法。其次，要以“问题导向”开展研究。

从宏观上研究时代发展对经济工程专业需求，特别是聚焦所面向的区域，研究当前产业发展与前景，从中观研究经济工程专业与新工科、“双一流”建设之间的关系，从微观上研究经济工程专业合理选择交叉学科建设路径，充分论证、科学规划、积极推进。

3.4 以培养方案创新提升经济工程类专业建设内涵

专业建设内涵包括培养目标、课程体系、内容与方法建设等。多学科交叉融合是经济工程专业最主要的特征之一，其核心目标在于将经济学相关知识与工程技术有机结合，培养既懂经济又懂工程的复合型应用人才。从德国培养方案来看，经济工程类专业开设的经济类课程相对稳定如经济学、物流、金融、审计、法律等，而工程类各高校根据自己的优势学科或专长，从机械制造到建筑设计再到电子信息等，涵盖内容非常广泛，跨度较大。本土化之后的经济工程专业培养方案的制订需要重点从以下几个方面着手：第一，在产业调研与本校优势学科分析基础上，提出经济工程专业具有多学科特征的人才培养目标；第二，制定经济工程专业保障培养目标实现的专业培养标准；

第三，根据培养标准的要求设置相关课程、厘清课程之间的逻辑关系、明确课程内容、建立课程体系等；第四，采取与多学科交融教学内容和应用方向相适应的教学管理方式；第五，制订出详细具体的教学计划，并注意计划之间的相互衔接或逻辑顺序；第六，改进原有的评价方式，能够有效确保经济工程专业培养目标实现的动态质量评价方式和手段。

3.5 以队伍创新支撑经济工程专业人才培养质量

师资队伍是经济工程专业本土化建设的核心制约因素。首先，经济工程专业教师知识面要广博，对其所有相关课程和学科专业都要涉猎，不仅如此，还要关注与本学科专业领域相关的新技术、新产业和新发展。其次，要有“双能型教师”与产业界和企业保持密切的合作关系。再者，要具备运用多学科知识、原理和方法解决复杂问题的能力。另外，要具备高水平的教学能力，不仅深刻理解经济工程专业教育理念，具备理论教学能力、实践教学能力和学术科研能力，还能运用多种教学方法线上线下进行教学辅导。最后，具有敬业精神和职业道德，能严格要求自己成为学生道德品质修养的榜样、精神文明的典范。

创新经济工程专业师资队伍建设具体可以采取以下几个措施：一是把好入口关，经济工程专业教师队伍可以采取引进和兼职相结合的方式进行，以专职教师为主、兼职为辅。在引进专职教师时要注重教师学科背景的交叉性、知识结构的互补性，并对每位专职老师有明确的定位、清晰的职业规划和详细的培训计划；聘请兼职教师时要注意知识体系的复合型、能力的实践性；总体设计专业师资队伍时要确保年龄、职称、结构的合理性、学缘结构的多元性等。二是制定有效的评价和激励机制。依据经济工程专业和高校自身特点，制定教师评价标准和教师激励政策，对老师的评价与激励目标在于调动其投入经济工程专业的积极性与主动性，评价与激励标准与经济工程专业培养目标应当是一致的，应该立足于教师的长远发展，不仅仅是工作量的完成。

4 结论

新工科的“天大行动”提出到2020年直接面向新经济新兴工科专业比例

达到50%以上。但毫无疑问，新工科建设与经济工程专业本土化都是系统工程，任何改革都不可能是一蹴而就的，无论是社会经济发展、新的产业革命和技术革命，还是高等教育自身发展，新工科建设将长期处于边研究、边实践的长期探索过程，“自上而下”的推动与“自下而上”的“倒逼”相结合是新工科建设的必由之路。经济工程专业在德国已经“开花结果”，在我国也合作办学多年，合肥学院获教育部批准开设本土经济工程专业，它是国家首次设置的目录外新专业。这是经济工程专业本土化的重要开端，也必将成为我国新工科建设中的亮点。

参考文献：

[1] 陈江华，刘鑫，贾佳．中德合作经济工程专业本土化及其表现［J］．应用型高等教育研究，2017（2）：25-29.

[2] 林健．多学科交叉融合的新生工科专业建设［J］．高等工程教育研究，2018（1）：32-45.

[3] 涂尔干．教育思想的演进［M］．李康，译，北京：商务印书馆，2016：3.

[4]“新工科”建设复旦共识［J］．高等工程教育研究，2017（1）：10-11.

[5] 新工科建设指南（“北京指南”）［J］．高等工程教育研究，2017（4）：20-21.

[6] 郑文涛．“双一流”背景下的高校交叉学科建设研究［J］．首都师范大学学报（社会科学版），2018（1）：160-166.

[7] Willi Prion. Ingenieur und Wirtschaft：Der Wirtschafts-Ing-enieur：Eine Denkschrift über das Studium von Wirtschaftund Technik an Technischen Hochschulen［M］. Berlin：Springer Berlin Heidelberg（4. Verlag），2013：38-60.

[8] 钟秉林．建设现代大学制度、推进高校内涵发展［J］．探索与争鸣，2017（8）：33-38.

[9]“新工科”建设行动路线（“天大行动”）［J］．高等工程教育研究，2017（2）：24-25.

[10] 宋玉军．经济工程专业本土化的构想与实践——基于合肥学院中德合办专业的经验及启示［J］．应用型高等教育研究，2017（3）：58-61.

[11] 教育部关于公布2016年度普通高等学校本科专业备案和审批结果的通知［EB/OL］．［2018-03-25］. http：//WWW. moe. gov. cn/srcsite/A08/moe _ 1034/s4930/201703/t20170317 _ 299960. html.

[12] Hochschulen auf einen Blick，2016［EB/OL］．［2018-03-05］．https：//

www. destatis. de/DE/Publikationen/Thematisch/BildungForschungKultur/Hochschulen/BroschuereHochschulenBlick0110010167004. pdf? blob＝publicationFile.

[13] 林健．新工科建设：强势打造“卓越计划”升级版［J］. 高等工程教育研究，2017（3）：7－14.

[14] 钟秉林，方芳．一流本科教育是“双一流”建设的重要内涵［J］. 中国大学，2016（4）：4－16.

经济工程专业跨学科发展的历史和逻辑

李建瑞
（合肥学院　经济系）

摘　要：经济工程专业是一个跨学科发展的新专业，内含新专业跨学科发展机制的一般性质。经济工程专业产生于社会分工、科学与学科的相互作用的历史背景下，其产生的社会实践基础是社会分工与社会再分工的不断演化，体现着社会交往的时间与空间的节约。经济工程专业跨学科发展的实现机制在于经济学、工学、管理学等学科集聚与吸收的动态过程。

关键词：经济工程专业；跨学科发展；高等教育

近年来，为顺应国家创新驱动发展战略需要、贯彻“中国制造 2025”行动纲领、丰富高校“新工科”内涵建设，我国高校新专业不断出现。新专业是以社会经济发展为实践背景，现时代更具有跨学科的特点。经济工程专业是国内出现的新专业，其跨学科融合交叉的特点显著。其所体现的跨学科发展社会实践基础、逻辑起点、实现机制、融合结果和趋势等具有新专业跨学科发展的一般规律性。因此，经济工程专业是新专业跨学科发展的一个缩影，成为理解新专业的跨学科发展内在规律性的一把钥匙。

1　社会分工、科学与学科——高等学校专业发展的三维图景

人类文明的进步和文化的推进离不开社会的分工。社会分工可以促进生产力水平的提高，“劳动生产力上最大的增进，以及运用劳动时所表现的更大

的熟练、技巧和判断力，似乎都是分工的结果。”[1]因此，“一个民族的生产力发展的水平，最明显地表现于该民族分工的发展程度。任何新的生产力，只要它不是迄今已知的生产力单纯的量的扩大（例如开垦土地），都会引起分工的进一步发展。”[2]科学技术作为生产力得以体现的重要标志与社会分工有着密切的联系。

高等学校专业的设置不是空中楼阁，而是由现实的社会经济发展状况决定的。专业的划分来源于当时科学和技术的发展水平。现代中文语境中的“科学”一词，舶来于日本学者对英文“science”的翻译。在日本明治时期以前，日文中的“科学”可以是指专门的“个别学问”，也可以代表“分科的学问”。近代大学的诞生，特别是其为了培养人才而分科设立专业，为科学和技术的传承提供了崭新的载体。近代科学革命以来，“在十九世纪，它（科学）逐渐开始进入了大学”[3]，自然科学与社会科学门类不断增多，社会分工与学科的正相关性越来越强。

科学技术的进步推动着社会分工的横向细化和纵向深化，社会分工又为科学技术的进步提供条件。社会分工决定着人类社会需要不同学科的人才，科学和技术知识的具体分科依据于基础研究和技术应用人才的需求。正是三者的相互作用，决定着每一时期高等学校专业发展的逻辑路线。

2 分工与再分工——经济工程专业跨学科发展的社会实践基础

近代科学革命使得分工更为细化，新出现的学科和专业来源于社会需求。“人们对于自然的宇宙的整个观念改变了……科学方法……在人类思想与行动的各种不同领域里差不多都可应用。”[4]正是人类对于自然观念的改变和认识自然的能力增加，促进了生产力的极大提高，社会分工更加显著，使得人类的社会交往更为复杂：从事于物理学的研究和教育，提高了人与自然的交往深度和广度，又反过来使得一些人改变了行业选择，专门从事于工科所涉及的领域实践，例如建筑设计、机械工程等；从事于经济学的研究和教育，提高了人与人之间的交往深度和广度，又反过来使得一些人改变了行业选择，专门从事于经济学所涉及的领域实践，例如银行业、投资、贸易等。经济工程专业所涉及的核心学科主要有经济学和物理学一级学科。这两门学科作为真正意义上独立的学科出现是在近代科学革命以后。

20世纪四五十年代以来，以信息控制技术为主要内容的第三次工业革命使得科学技术各个领域之间的联系加强，社会分工更加细化、更加复杂。从学科本身的发展来看：一方面，学科越来越多，研究深度越来越广，分工越来越细；另一方面，学科之间的联系越来越密切，相互联系渗透的程度越来越深，跨学科现象越来越多，科学研究朝着综合性方向发展。从社会分工结果来看：不仅出现了更多新的职业，更使得职业对于专业知识的要求不再单一，呈现复合的趋势。“复合”可以认为是分工后的再次分工。分工的表现结果是某种职业依据于各门学科的研究范式不同，职业所匹配的专业知识单一，而再分工的表现结果是研究范式不同的学科可以重新形成一门新的专业，职业所匹配的知识来源于不同的学科范式。经济工程专业正是在这种社会实践背景下产生的。经济社会发展的现实需求推动各学科的交叉融合，经济学与工学在应用实践上的交集愈发放大，经济社会越来越需要既懂经济学学科知识又懂工学学科知识的复合型人才。社会经济的发展、社会再分工的出现，使得原来专门的经济学或工学的专业不能适合社会经济发展的需求。一种将经济学和工学复合的专业——经济工程专业正是这种社会再分工所形成的新专业。

3 时间与空间的节约——经济工程专业跨学科发展的逻辑起点

现有总的生产条件下，社会分工的细化和复杂化的标志是职业分工和职业再分工的产生，映射到高等学校的专业上表现为专业的跨学科特征。传统学科独立性较强的专业所涉及的学科界限明显，人才的培养知识具有单一性的特点，所培养的不同人才在交流上沟通困难。在统一的生产过程中，由于不同单一学科的专业的人在学科背景、决策视角上的差异，在计划、控制、协调、信息交流等方面产生冲突，造成生产时间上的延迟、空间活动的扩大，以至于产生生产资源的浪费，无法提高生产力。生产力的另一个表现形式就是时间的节约，“真正的经济节约是劳动时间的节约（生产费用的最低限度和降到最低限度），而这种节约就等于发展生产力。”[5]

衡量现代企业效率，一个重要标志是成本最小化。在生产或经营过程中，由于专业人员学科知识的单一化所造成的时间延迟和空间活动扩大，会增加相应的成本。例如，经济学专业的员工不懂工程设计，工程设计的员工不懂经济学，形成了企业内部交流的信息不对称。而作为经济学与工程学之间的连接口，经济工程专业人才培养的课程体系具有跨学科性、高应用型的特点，所培养的人才能够在开发、执行、实施、优化以及在符合法律要求和规定下对某些涉及工科的生产流程进行实际操作，减少了生产时间和信息交流时间，缩小了生产空间。例如，以机械方向为例，学生在经济学方面除了要学习经济法、国民经济学、企业经济学、投资、管理、市场营销等课程，还要学习力学、数学、机械工程专业课。经济工程专业毕业生在机械行业中除了参与市场营销、物流管理、物资管理、生产管理、财务管理和质量监督等工作外，主要还分析与经济、技术和法律相关的各种问题，进行经济性和技术性评判并有能力解决这些问题。

4 学科的集聚与吸收——经济工程专业跨学科发展的实现机制

现代科学正处于高度分化和高度综合相伴共生的新时期，而聚散共生已成为现代学科发展的重要特征。依靠单一的学科知识体系，无法深入揭示研究对象的本质特征，更无法适应社会分工的需要。发散是聚合的前提条件，聚合是发散的必然结果，聚合也就是学科的交叉。“新的重大科学突破和学科生长点，往往发生在不同学科的交汇点上。”[6]随着社会分工的细化和深化，跨学科学科发展会出现两种趋势：一方面越来越细，形成新的不同的学科和专业；另一方面跨学科的学科随着越来越多的学科融合，则会逐渐出现各学科的相互聚合的趋势，形成新的多学科交叉融合的新学科和专业，这个过程最终体现出高度发散和高度聚合的双重特征。跨学科的学科在发散的基础上聚合，在聚合的前提下继续发散，两者在一定条件下可以相互转化。从专业的形成史来看，这种发散和聚合是同时存在的，两者构成了现代新学科或专业的实现机制。

经济工程专业的原始设计目的是解决培养经济学和工程学的复合型人才问题，这就需要跨学科的集聚和发散。新的专业形成首先是经济学和工科这两大核心学科的集聚，将经济学的基础理论和工科的相关领域理论集聚一起，根据企业生产和经营的需要，选择相应的知识进行模块化整合，进而形成了一门新的专业轮廓。从具体岗位来说，还需要对轮廓再次进行其他学科填充，即跨学科的分散。由于经济工程专业是培养在建筑行业、房地产行业以及相关管理部门从事工程投融资、市政工程经济等方面工作的高级应用型复合型人才，跨学科的分散表现在以经济学和工程学为框架下对管理学、能源技术、语言学等学科的吸收，进一步充实经济工程的跨学科基础。

5　学科的混沌——经济工程专业跨学科交融的趋势

人类交往能力的不断增加，使得学科发展的一个重要趋势是“分久必合”，近代工业革命300余年学科的分叉发展，直到20世纪中叶的迅速密集，逐渐构成网络化结构跨学科的专业。新的专业学科单一性归属越来越模糊，很多专业无法准确地归于某一学科，机械化地划分专业的学科归属问题越来越困难，学科的混沌性在新的专业上表现越来越明显。经济工程专业作为一门新的跨学科交融的专业，随着社会经济的发展和人类交往能力的增加，特别是信息技术和人工智能的发展，还会不断吸收其他学科的知识体系和理论，形成一个“学科的混沌”现象。混沌的社会根源在于社会分工和再分工，即社会分工的细化和深化。

参考文献：

[1]［英］亚当·斯密．国富论［M］．北京：商务印书馆，2015：3.

[2] 中共中央马克思恩格斯列宁斯大林著作编译局．马克思恩格斯文集（第1卷）［M］．北京：人民出版社，2009：520.

[3]［英］J.D. 贝尔纳．科学的社会功能［M］．北京：商务印书馆，1982：120.

[4]［英］W.C. 丹皮尔．科学史及其与哲学和宗教的关系［M］．北京：商务印书馆，1979：283.

[5] 中共中央马克思恩格斯列宁斯大林著作编译局．马克思恩格斯全集（第31卷）［M］．2版．北京：人民出版社，1998：107.

[6] 李春景，徐飞．现代科学学科发展的聚散共生规律研究——以环境科学体系的建构为例［J］．科技导报，2004（4）：21.

二、经济工程专业人才培养模式

基于多学科交叉的经济工程专业人才培养的探索与实践

——以合肥学院中德合作经济工程专业人才培养为例

李　蔚　陈江华

（合肥学院　经济系）

摘　要：为了解决经济管理人才培养过程中知识面狭窄、行业背景弱的问题，满足现代经济管理的需要，合肥学院秉承多学科交叉的教育理念，在中德合作的基础上开设了经济工程专业，并从人才培养目标、交叉的模块化课程体系、实践教学体系、师资配备等方面进行了一系列改革实践。在此背景下，积极探索多学科交叉理念下的经济工程本科培养模式，对培养高水平的综合经济管理人才具有重要意义。

关键词：经济工程；多学科交叉；合肥学院

传统的经济学专业以马克思主义经济学和西方现代经济学为基础，课程设置中没有工程专业的内容，学生学习企业经济、国际贸易、金融会计等专业课程，之后会进入企业、事业、政府等部门从事经济管理工作，就业范围十分广泛。然而进入以高新技术为特征的新经济时代，这些人才缺乏工程背景，在很多以工程实践为背景的公司因为相关工程知识的空白而不能胜任经济管理或项目管理的工作岗位，这已经成为束缚传统经济管理人才发展的瓶颈，同时也掣肘企业发展。合肥学院经济系在已有的中德合作经济工程专业的基础上成功设立国家首个目录外专业经济工程专业，肩负着开拓创新的重

作者简介：李蔚（1979—），女，安庆人，合肥学院经济系副教授，经济学博士，研究方向：经济金融；陈江华（1966—），男，安庆人，合肥学院经济系教授，主任，法学博士，研究方向：经济法。

要使命。在此背景下，积极探索多学科交叉理念下的经济工程本科培养模式，对培养高水平的综合经济管理人才具有重要意义。

1 “经济工程”的本质与内涵

随着科技的快速发展，市场经济在全球不断扩展，市场越来越发达，分工越来越细化，从而导致21世纪的人才培养一方面要求“专精新”，另一方面又要求“复合型”。

该专业是在中德合作经济学（3＋1）专业5年办学基础上新设立的，以“经济学＋”作为基础，叠加建筑、生物等工程领域的课程体系，培养与市场需求“无缝对接”的复合型人才。该专业具有典型的学科交叉性，不仅涉及经管类别的学科，也会涉及工程类别的学科，这种交叉学科培养的学生具有的专业能力是传统的经济类学科或工程类学科单一培养所达不到的。

2 合肥学院经济工程本科培养概况与改革

合肥学院是一所新建的地方性应用型本科院校。从诞生之日起，就充满了改革的基因，合肥学院立足地方却具有国际化视野，对外交流合作非常广泛，特别是与德国高校交流深入，学习了很多德国应用科学大学的先进教育理念和办学经验。自2010年3月起，合肥学院与德国奥斯纳布里克应用科学大学合作开展经济工程专业本科培养工作。中外合作经济（经济工程）专业由德国学术交流中心（DAAD）资助，德国方面为该专业培训教师，无偿提供相关专业书籍资料。中德双方提出“3＋1”合作共建专业，共同拟订教学计划，并通过国际合作办学，积极引进国际先进的教学管理和人才培养模式，逐步形成学科比较优势。2015年，中德合作培养经济学专业（经济工程方向）顺利通过DAAD评估。德方高校承诺该专业学生毕业后，每年接受不少于10名优秀学生到德国高校继续深造攻读硕士学位。目前，合肥学院正在推进“中德教育合作示范基地”建设。2017年11月，德国合作大学HAWK应用科学大学和合肥学院中德合作经济工程专业通过了欧盟（德国）专业认证。2018年4月，合肥学院被批准开设经济工程专业。自2012年以来，合肥学院中德合作经济工程专业招收了102名本科生。其中90多位同学已进入江苏、浙江、上海的大中型企业，部分毕业生已成为企业的支柱。经过五年的探索，中德合作经济工程专业已经完成了本科生实践教学体系的建设和校外工程实践基地的建设，基本形成了以能力培养为核心，以加强工程实践为立足点的人才培养模式。

经济工程专业在德国设立得非常普遍，学生就业形势良好，所以在经济工程专业建设和人才培养过程中，合肥学院经济系将进一步利用德方合作院校在经济工程人才培养方面的优势，在教学中“强化实践和应用能力培养”的先进模式和教学理念，努力培养国内一流的经济工程专业人才，并逐步形成专业特色。

3 基于多学科交叉培养经济工程专业人才的难点

3.1 人才培养目标要定位清晰

经济工程专业的学生定位为毕业后从事经济管理工作，他们学习多学科交叉的知识是为了适应未来科技综合化发展的趋势对经济管理人才提出的更高的要求，而不是为了将来去从事建筑设计、生物工程技术等专业的具体工作。通过市场调研，在现代经济体系下，市场所需的经济管理人才必须是复合型人才，既具有行业学习背景又具有经济管理通识的人才可以了解产业发展的前沿和内涵，同时具有经济管理能力，这一类人才未来的发展前景是可以远观的。

3.2 人才培养计划应高度系统化

经济工程人才是基于多学科交叉的培训，但这不能被理解为多学科课程和管理课程的简单叠加。它是一体化的，有必要从经济管理的角度进行系统的分析和整合，形成一个综合的计划。复合方案的实施主要有三个障碍：其一，经济学和管理学专业的数理知识和工程基础薄弱；其二，经济类同学学习工程知识的主动性很差；其三，其他复杂的学科并未严格遵循经济管理专业的整体培训目标。通过对经济工程学课程的学习，学生们应该能够从不同的角度分析问题并且对其进行经济性和技术性的评判，并力求通过跨学科的方法获得处理问题的全局观。

3.3 高质量的师资队伍整合

教师是教学活动的主体，高素质的教师是提高专业教学质量、实现人才培养目标的根本保证。多学科交叉的教学要求不仅丰富了合肥大学经济工程专业的教学内容，而且对教学内涵提出了更高的要求。例如，经济管理专业教师应指导学生如何在工程项目下嫁接学习专业内容，因此，不仅要求学生学习工程知识，而且经济管理教师也应该学习和理解工程知识，并将其融入专业课程的教学中。经济工程专业的教学内容强调跨学科，广泛且实用，重视学生的应用能力和实践能力的培养。为了能够反映工程和相关工程领域的前沿知识，让学生熟悉多个工程领域的科学研究的最新发展，为提高科研兴趣，除了有针对性地将企业实际生产中遇到的问题或工程案例纳入教学内容外，使学生对企业工程应用有初步了解，提高学生在工程问题上的分析能力。这样交叉的丰富的知识结构对于师资来说是一个巨大的挑战，教师们既要转变固有的思路，又要学习多学科的知识，必须有一支高质量的师资队伍，同时要有高质量的保障措施和激励措施，这是经济工程专业发展的最重要基础。

4 合肥学院经济工程专业培养模式改革的主要措施

4.1 重新定位培养目标

经济工程专业以“地方性、应用型、国际化”为办学的基本定位，面向地方经济建设和社会发展迫切需要的先进应用和复合型人才。专业基于文、理、工相结合实施模块化课程教学，注重教学方法改变，突出强调培养学生的应用实践能力、综合创新能力，从而更有效地服务于经济社会。在人才培养的具体目标上，我们要明确经济工程专业本科生未来发展的方向，他们的目标应该不是成为建筑或其他工科领域基础的技术人员或者工程师，而是成为这一领域的管理人员，从事项目管理或经济管理工作，因为既拥有项目所需要的工科知识又具有经济管理知识，他们应该在项目管理领域具有很强的竞争力。本专业还充分利用合肥学院和德国希尔德斯海姆-霍尔茨明登-哥廷根应用科学大学的合作办学优势，融合东西方先进的教育思想和教育理念，注重发挥中德两国大学的特色和优势，培养的人才是立足本土又具有国际化的视野，这也是合肥学院的办学特色和优势所在。

4.2 构建基于多学科交叉的模块化课程体系

合肥学院教学改革的一项重要内容是构建模块化课程体系，在多学科交叉的经济工程专业，按照模块化的思想制订教学计划，课程体系的设计和新课程模式的建立是一种有效的教学改革。为确保经济工程专业本科人才的培养真正符合已确定的培训模式的要求，应采取切实措施，对经济工程专业本科专业进行动态调整。经济工程教学内容分为专业基础模块、专业核心模块、专业方向模块、专业选修模块，专业拓展模块。公共课程模块包括实现本科水平所需的文化素养、政治素养和基本课程。专业基础模块主要包括经济管理专业共同的必修理论知识课程，如经济学、管理学、会计学和统计学。主要的核心课程包括经济管理的核心课程，如政治经济学、国际经济学、金融、货币银行和计量经济学等经济学核心课程。专业方向模块主要面向不同行业（如建筑、生物、机械等），并设置不同专业方向的选修课程，以提高学生的行业知识和能力。专业选修模块可以让同学结合自己的兴趣选修特定的模块，体现个性化培养目标。专业拓展模块为专业课程教学融入最新的前沿的理论和实践知识，加强专业的内涵建设。

合肥学院经济系多年来结合了工程学的优势和毕业生的普遍分布，准备选择我校的生物学和建筑学两个领域，在学校的统筹下应用学校模块化课程体系量身定做一批专为经济工程专业学生开设的模块课程。这些课程不强调复杂的计算和原理，但学生必须掌握核心模块的知识、特点、产业发展趋势等基本情况。根据国内外人才市场研究和类似专业研究，人才发展计划对工程课程提出了要求。工程课程的教学反过来丰富和提高了经济课程的教学内容，使工程课程和经济管理课程形成良性互动机制，然后逐渐形成了合肥学院经济工程专业的特色。

4.3 建设特色化实践教学体系

经济工程学是一门跨学科专业，融合了经济学和建筑学等工程学科，包括系统综合的课程模块实践、贯穿学习全过程的专业素质拓展实训以及企业实习三位一体的培训体系。经济工程专业强调多学科实践经验，必须提高实践课程学分的比例，并提供多学科领域的实践教学内容。实践课程体系的设置还将贯穿于经济工程专业本科学生的知识学习、考试考核和毕业论文及设计。同时，要注重理论课程与实践课程的内在联系，提高知识学习和工程应用的效率，加强学生工程应用能力的培养。多元化的实践课程平台可以更好地满足学生个性化培训的需要。学校的多元化实践课程平台由两个部分组成：校内和校外。校内教学实践资源包括经济系实验中心、房地产研究所、知识产权研究所等；校外教学实践资源包括华安证券、中国建设银行安徽省分行、同花顺、席伟德公司等多家校企合作建设单位，它可以为学生的职业特点、爱好和个人能力培养提供多样化的教学资源，为学生在许多工程领域的应用能力提供有效的支持，满足了学生个性化培养的需要。合肥学院经济工程专业强调产学研高度结合，从项目出发规划课程体系，培养合格的高级项目经理人，这样培养出来的学生会比较有竞争力。

4.4　科学合理地配备师资

在教师课程中，除了公共课程和一些基础课程外，经济工程专业课程还积极使用多元化的教师。合肥学院经济工程专业既有德国应用科学大学的教授长期授课，也有来自多个工程领域、企业及研究单位的高级工程技术人员讲授课程。合肥学院拥有广泛的社会合作资源，讲授课程的教师有很多与公司有长期业务合作，同时经常开展银行、证券、期货和其他从事经济管理的实务人员讲座，带给学生丰富的知识和视野。特别是对于实践课程的教师，充分体现“工程背景”，可以是具有企业工作经历的校内教师，也可以是一名有一定数量的横向研究项目或者具有一定教学经验的工程师和技术人员。同时，积极尝试采用多教师串讲的授课形式，一位老师负责理论课内容，一位专门的实验室老师负责讲解实验内容。对于经济工程专业的专职教师，提高综合素质更是刻不容缓，一方面教师要深度学习专业知识增强理论深度，另一方面要积极向外拓展，到企业进行实践锻炼，向国内外同行学习借鉴成功经验，师资力量的提高是保证学校高水平发展的核心变量。

随着科学技术的迅速发展和新学科的出现，社会经济、文化和科技的快速发展带来了一系列复杂问题，也带来了许多挑战，传统意义上的学科分类已经不能适应知识的更新和技术的进步。培养能够解决未来综合复杂工程问题的复合型创新型经济管理人才，已成为教育发展的共识和趋势。知识基础、思维方式和专业素养是经济管理人才综合能力的逻辑组成部分。经济管理专业综合能力的形成远远超出了单一学科的范畴，必须通过多学科交叉来实现。合肥学院经济工程专业本科人才培养是教育发展的必然要求，是当代社会经济发展的客观需要，这对于从实践层面、从多学科交叉点探索经济工程学科具有重要的参考价值。

参考文献：

[1] 陈江华，刘鑫，贯佳．中德合作经济工程专业本土化及其表现 [J]. 应用型高等教育研究，2017 (2)．

[2] 宋玉军．经济工程专业本土化的构想与实践——基于合肥学院中德合办专业的经验及启示 [J]. 应用型高等教育研究，2017 (3)．

[3] 司武飞．我国应用型高校经济工程专业建设研究 [J]. 渭南师范学院学报，2016 (18)．

[4] 苏磊．交叉学科人才培养模式探索 [J]. 中国高校科技，2012 (5)．

[5] 渠彦超，张晓东．共享发展理念的理论特质 [J]. 理论月刊，2016 (5)．

[6] 叶南客．共享发展理念的时代创新与终极价值 [J]. 南京社会科学，2016 (1)．

[7] 王世斌，郄海霞，余建星，等．高等工程教育改革的理念与实践——以麻省、伯克利、普渡、天大为例 [J]. 高等工程教育研究，2011 (1)．

[8] 赵胜岩．利用交叉学科培养创新人才 [J]. 中国冶金教育，2008. (1)．

经济工程专业复合型人才培养模式分析

徐姗姗

（合肥学院　经济系）

摘　要：近年来，我国科学技术的变革创新和经济产业的转型调整，激发了社会对跨学科复合型人才的广泛需求。今年4月，经济工程专业获得教育部批准为新的目录外专业，该专业的培养目标是兼具工程技术和经济理论的跨学科复合型人才。本文在分析复合型人才内涵、总结我国复合型人才培养中的制约因素、借鉴国外复合型人才培养模式成功经验的基础上，提出以校级跨学科协同创新平台为核心构建经济工程专业复合型人才培养模式。

关键词：经济工程；复合型人才；跨学科

1　经济工程专业简介及复合型人才内涵

2018年4月，合肥学院的经济工程专业获得教育部批准为新的目录外专业，该专业的培养目标是兼具扎实的工程技术知识和经济学理论知识，能在建筑行业、房地产行业及投资管理建设部门，从事技术、组织、管理、评价和决策的跨学科复合型人才。

近年来，随着互联网和人工智能技术的飞速发展，全球正跨入第四次工业革命，产业结构面临重新调整，社会对跨学科复合型人才的需求与日俱增。复合型人才通常是指在知识、能力和思维上能突破单一学科限制，兼具多学科的理论和技术知识、跨学科思维和创新能力，且有很强的社会适应能力的高级应用型人才。

自20世纪80年代开始，清华大学、北京大学等知名高校通过双学位、辅修制等形式，探索复合型人才的培养路径。近年来，部分高校出现了复合型人才的创新培养模式。例如，北京师范大学建立了独特的教学体系，将基础实践教学、专业实践教学和综合实践教学三者有机结合，并结合各类课外实践活动来提高学生的动手能力，拓宽其知识面，培养新型复合型人才；中国矿业大学根据经管专业本科生的思维习惯、学习方式和社会需求特点，通过丰富的课堂教学形式、多元化课程考核方式、改进课程教学体系、加强校企合作实践基地建设等教学改革，构建"课内外结合"的复合型人才教学模式。

2 我国复合型人才培养中的制约因素

多年以来，我国各层次教育的教学方式都是以教师的理论讲授为主，重理论而轻实践、重知识而轻能力、重分数而轻素质。我国的教育体制是自上而下的行政管理模式，高校在很多方面没有自主权，无法根据企业的人才需求和学生的发展需求及时调整专业设置。目前，我国复合型人才培养主要存在以下制约因素。

2.1 中小学教育模式与复合型人才培养理念相悖

尽管近年来我国大力推进各项教育改革，例如推行素质教育，取消文理分科，鼓励学生全方面发展，但是受升学压力的制约，中小学教育仍以分数为核心，学生的主要精力用于"死记硬背"、应付考试，学习的功利性目的很强，缺乏创新思维能力。进入大学以后，虽然不再有升学压力，但是学生长期形成的学习模式和思维习惯很难纠正，这成为复合型人才培养的一大障碍。

2.2 高校教师的传统教学方式不适合复合型人才培养

我国大部分高校教师是在单一学科的教学模式下培养出来的，自身缺乏多学科的理论知识基础和跨学科思维能力，习惯从单一学科的角度进行教学。在目前的教学体制下，每门课程由教师单独讲授，不同学科背景的教师之间的交流合作本就不多，而教师长期在高校"象牙塔"之中，鲜有机会进入企业了解前沿知识技术，视野不够开阔，跨学科思维能力更无从培养。尽管目前高校教学改革如火如荼，教学方法不断革新，但是受自身知识、能力和视野的制约，高校教师的教学方式依然相对传统，不适合跨学科复合型人才的培养。

2.3 高校层级管理体制不利于学科间的深度交融

高校各院系往往各自为政，资源无法有效共享，教师交流较少，而学科交融发展需要各院系之间的深度合作。例如双学位、辅修等制度虽然帮助学生根据个人兴趣，进入其他院系自由选课进行交流学习，但是因为各院系只是从单一学科角度进行教学安排，学生尽管能了解到不同学科的知识，却很难把知识理论进行融会贯通，也缺乏多角度思维能力和综合创新能力。究其原因，虽然学生在各院系的学习交流渠道是通畅的，但缺乏锻炼学生综合能力的实践平台，而且不同院系间的相互合作，尤其是教师间的相互学习渠道仍未打通，因此，学科交叉浮于表面，并未实现真正的学科融合。复合型人才是学科交融的产物，没有深度的学科交融，就无法培养出真正的复合型人才。

3 复合型人才培养模式的国外经验

欧美的高等教育走在世界前列，复合型人才培养模式已经实施多年，相关经验值得我国借鉴。

3.1 美国高校的复合型人才培养模式

20世界上半叶，哈佛大学校长科南特在课程改革中提出“通识教育”，该理念认为高等教育的培养目标是“完人”，核心在于培养人的整体素质，强调不同领域专业知识的整合是美国高校复合型人才培养模式的主要指导思想。美国专业设置非常灵活，各个大学可根据自身情况设置专业，学校可以将两个学科或多个学科进行有机整合，形成跨学科专业，具体涉及的课程让学生自主选修。例如，加州大学伯克利分校的部分专业采取该种跨学科专业群模式。教师还可以自主设计跨学科专业，对于有特殊才能和兴趣的学生，师生共同确定课程组合方式，伯克利分校称为“个人专业”，哈佛大学称为“特别专业”，加州理工学院称为“特别研究计划”。同时，美国高校的课程设置非常丰富，在课程体系设计上追求社会科学、自然科学和人文科学三者的平衡性；课程结构上，交叉学科课程占比很大，鼓励学生跨学科选课。此外，倡导“探究式”教学模型，实行本科生导师制，如加州大学采取教师小组协同教学，构建集群课程或课程串为核心的课程体系，多个领域的教师通力协作，以小组研讨形式进行教学。总之，美国高校主要是通过开设通识教育课程、成立跨学科研究中心和自由选修制来探索复合型人才培养模式。

3.2 德国应用科学大学的复合型人才培养模式

与以培养学术性研究人才为主要目标、按照学科发展逻辑设置专业的德国综合性大学不同，德国应用科学大学是以培养高层次应用型人才为主要目标，专业设置上注重应用性、跨学科性和特色性，与当地经济和产业结构接轨，学科、专业上的优势通常与所处区域经济、产业上的优势紧密相关。例如，埃斯林恩应用科学大学位于斯图加特，当地有奔驰、保时捷等知名汽车企业及相关配套产业，该校的机械制造和电子科技专业在全国处于领先水平。而跨学科性是应用科学大学标志性的办学特色，不仅在专业设置方面，也体现在教学、科研和社会服务等方面。例如，明斯特应用科学大学将跨学科性列为办学的主要指导原则，指出：“现代社会的问题往往十分复杂，这些问题通常很难被归入某个单一的领域或学科，要想获得恰当的、整体性的解决方案，必须借助不同专业领域的、多种多样的方法来获得对问题的全面理解，在教学和科研中进行跨学科合作，以及发展一种建立在这一基础之上的大学文化对我们来说变得越来越重要。”在具体专业设置上，应用科学大学主要考虑自身的办学传统和发展历史，突出鲜明的特色性。比如鹿特丹林业经济应用科学大学，以前属于政府内部学校，主要是为林业系统培养公职人员，现在依然在林业经济这一领域保持自身特色和优势。同时，应用科学大学在专业设置上具有一定的前瞻性，如不莱梅应用科学大学从 20 世纪 80 年代就开始推行国际化办学理念，开设了企业经济/国际管理、欧洲金融与会计、东亚管理等一大批国际专业，该种办学模式正好契合了德国的全球化发展战略。总之，德国应用科学大学在专业设置上强调应用性和跨学科性，与区域经济和产业发展紧密结合，着力发掘自身特色，不论选择哪种特色化发展道路，都非常注重新设专业与现有专业的协调和互补。

对比我国高等教育人才培养模式，可以发现存在如下差距：首先是办学理念较为落后，多年以来，我国大部分高校都在力争办成综合性研究型大学，直至2016年，我国才大力推进应用型本科高校建设，2017年教育部开始提倡“新工科”专业建设，强调“学科交叉”，而国外高校从20世纪开始就非常注重应用性、国际性和不同领域专业知识的整合；其次是专业设置趋同、缺乏自身特色，我国高校主要根据专业的市场热度，而非自身优势和办学传统来确定新设专业，并不注重新设专业与现有专业的协调和互补，交叉学科极少，课程类别不够丰富，不同学科背景的教师缺乏跨学科合作交流机会。

4 以跨学科协同创新平台为核心构建复合型人才培养模式

合肥学院经济工程专业源于德国应用科学大学。早在2012年，合肥学院就开设了中德合作的经济工程专业，现已获得德国和欧盟的认证。此次经济工程获教育部批准为新的目录外专业，也反映出我国对应用型高校跨学科设置专业的支持。然而，我们也应清醒地认识到，我国高校重视学科交融的氛围远未形成，无论学生还是教师，都缺乏跨学科的理念和多角度思维的能力，因此，为加快实现经济工程相关学科之间的深度融合，培养出知识、能力、思维多重复合的高级应用型人才，建议按如下方式构建经济工程专业的人才培养模式。

4.1 明确人才培养的跨学科理念

比如，通过开设跨学科的讲座、论坛和辩论会等方式，邀请不同领域的专家学者对同一前沿问题发表各自看法，组织教师和学生分别进行小组讨论，让师生感受不同学科在理论知识和思维角度方面的区别，进而把跨学科理念逐步演变为一种校园文化氛围。

4.2 建立校级跨学科协同创新平台，服务于经济工程专业的教学和科研

该平台由校企合作共建，对于学校一方，与经济工程专业相关的系部，如经济系、管理系、建工系、计科系、基础部等都应加入该平台，经济工程

专业的课程体系、教学方法和考核方式可依托该平台进行灵活设置，学生参考专业人才培养方案的课程模块安排，能够在平台内的系部自由选课、获取学分，还可采取一对多的导师制，即1名学生配多名不同系部的教师作为指导教师，教师小组协同教学。对于企业一方，与经济工程专业相关的企事业单位都可加入。例如，房地产企业、建筑企业、装修公司、建材制造工厂、房管局和住建局等，通过该平台，可邀请房地产业、建筑业和相关配套行业的企业家，经常开设跨行业的讲座和论坛，以学科交融促进产业融合，以产业融合推进学科的进一步交融。最重要的是，该平台可以成为师生参与社会实践、拓宽自身知识面、锻炼跨学科思维能力、开阔视野的媒介。每到寒暑假，平台中的企事业单位可为师生提供丰富的实习岗位，只要师生愿意，均可利用假期参与社会实践。对于在实践中碰到的现实问题，教师可以在课堂教学中以研讨的形式，鼓励学生从不同学科的角度进行分析，开展“探究式教学”，或者把企业中的某个实际任务设置为项目，进行“项目式教学”。总之，该平台旨在整合多学科的教师资源和多领域的企业资源，寻求人才培养模式的创新，实现校企合作、产教融合的协同培养。

4.3 加强专业的国际化特色

新专业要办出优势和特色，就应与现有专业进行协调和互补，2012年开设的中德合作经济工程专业融合了很多德国教授的宝贵经验，对于我国新开设的经济工程专业，借鉴德国人才培养的成功经验非常有必要，可经常开办国际交流会，由中德专家共同讨论经济工程专业的复合型人才培养方案。此外，还可以选派经济工程的专业课教师去德国应用科学大学的经济工程专业进行短期进修学习，从而更深入地了解德国经济工程专业的人才培养模式，把更多的先进经验应用于我国的经济工程专业。

参考文献：

[1] 许士春，张情情，高畅．“课内外结合”的经管类本科生复合型人才培养的教学模式研究 [J]. 教育教学论坛，2017 (44)：187－189.

[2] 牛东晓，马同涛，郭鑫．电力经济管理复合型人才培养模式研究 [J]. 教育教学论坛，2016 (43)：52－54.

[3] 潘春胜，刘聃．美国复合型人才培养模式的特征及其启示 [J]. 浙江工贸职业技术学院学报，2013，13 (4)：5－8.

[4] 何建奎，马红．德国应用科学大学专业设置的特点及启示 [J]. 清华大学教育研究，2011，32 (4)：98－103.

[5] 孟成民．基于跨学科复合型人才培养的科研创新平台建设 [J]. 科技管理研究，2011 (14)：102－104.

经济工程专业个性化人才培养模式探析

赵　西　陈江华

（合肥学院　经济系）

摘　要：“中国制造 2025”是我国在全球新一轮科技变革和国内产业转型升级的双重挑战下实施的制造强国战略，它提出了人才为本的重要方针，进一步激发了对经济工程专业人才的需求。本文分析了个性化人才培养模式的内涵，从人才培养理念、专业设置模式、课程设置方案、教学组织形式、教学评价等方面比较了中德高等教育的人才培养模式，针对存在的问题提出了完善我国经济工程专业个性化人才培养模式的对策建议。

关键词：中国制造 2025；经济工程；个性化；人才培养模式

21 世纪以来，随着新一轮以信息技术与制造业的深度融合为中心的产业变革蓬勃兴起，使得全球制造业格局面临重大调整，各国先后出台制造业发展的新举措与专业人才培养战略，确保其在新一轮变革中的领先地位，这也对我国高等教育应用型专业的重新布局与跨学科专业人才培养模式的完善提出了新的要求。2017 年，教育部、人力资源和社会保障部、工业和信息化部联合印发了《制造业人才发展规划指南》。据预测，“中国制造 2025”[1]的十大领域，在 2025 年对人才的需求总量将达到 4500 万人[2]。然而，目前我国中低端技术人才充裕，但具有专业技术技能又精通经济管理的高端复合型人才匮乏，与制造业强国相比差距较大。在这样的背景下，我国高校经济工程专业个性化人才培养成为实现中国制造强国战略、解决人才需求缺口的重要课题。

1 个性化人才培养模式的内涵

在我国，“人才培养模式”这一概念在1983年由文育林在《改革人才培养模式，按学科设置专业》[3]一文中首次提出。进入20世纪90年代后，越来越多的学者开始关注对我国大学本科人才培养模式的研究，主要从人才培养结构（潘艺林，2009[4]；于晓红等，2009[5]）、人才培养系统（虞立红等，2009[6]）、人才培养方案（袁世鹰等，2003[7]；王育坚等，2016[8]）、人才培养规范（陈德人，2020[9]；李勇，胡一民，2014[10]）等方面探讨大学本科人才培养模式的内涵。

所谓“人才培养模式”，是指“培养主体为了实现特定的人才培养目标，在一定的教育理念指导和培养制度保障下设计，由若干要素构成的具有系统性、目的性、中介性、开放性、多样性与可仿效性等特征的有关人才培养过程的理论模型与操作式样（王晓辉，2014[11]）”。个性化人才培养模式更加重视加强学生的独特性、主体性和创造性，使每一个学生根据自己的兴趣爱好，结合社会市场需要，充分发挥自己的特长，明确自己的发展方向（刘献君，2011[12]；张楚廷，2004[13]）。从内涵出发，个性化人才培养模式主要包含人才培养理念、专业设置模式、课程设置方式、教学组织形式、隐性课程形式、教学评价等六大要素（王晓辉，2014[11]）。

随着经济社会的发展，我国高等教育人才培养模式面临越来越多新的挑战。2015年5月19日，国务院正式印发《中国制造2025》的通知，提出“一二三四五五十”的总体结构。坚持“创新驱动、质量为先、绿色发展、结构优化、人才为本”的基本方针，强调要健全多层次以人为本的人才培养体系。然而，很多学者指出，从我国现阶段的大学本科人才培养模式来看，“人”的因素被严重忽视了，以人为本的教育被异化了，人才培养存在着高度单一化和职业化倾向（于晓红等，2009[5]；向红梅，2017[14]）。与德国同类大学相比较，缺少个性化是我国高等学校人才培养模式存在的最大问题（康旭等，2017[15]）。

2 中德高等教育人才培养模式对比

2.1 中国高等教育人才培养模式

长期以来，我国高校人才培养一直在计划经济模式下进行，尽管社会经济发展日新月异，我国高校的改革还没有完全脱离计划经济的模式（于晓红，2009[5]）。由于受规模与质量、教育与科研、招生与就业等诸多矛盾因素的制约，中国高校人才培养理念比较重视短期办学收益，大学本科人才培养目标存在着方向不明确、同质化现象较为严重以及人才培养定位一刀切等问题（王严淞，2016[16]）。受功利主义理念的影响，我国高校都严格按计划招生，按照大致相同的模式进行人才培养，严重滞后于人才市场的发展需求，导致高校人才培养和社会需要之间的供求不协调。

在课程设置上，受传统的专业化教育的影响，许多专业的教学与课程结构受限于教育部的《普通高等学校本科专业目录》，专业划分较细，课程设置过窄过专，学生转专业限制严格，难以根据市场需求的变动及时调整。跨学科专业比较少，与我国经济转型和产业升级不相匹配。在课程结构上，很多高校的必修课与选修课比例严重失调。必修课、理论课较多，选修课、实践课较少，尤其创新和前沿课程少（顾海兵，薛珊珊，2009[17]；鲍茶英等，2018[18]）。另外，没有实行真正意义上的学分制、选课范围小也备受学生诟病，影响了学习积极性。在教学组织形式上，我国很多高校仍然强调课堂中心、教师中心和书本中心。课堂往往由教师主讲，学生参与较少，师生互动交流较少，学生处于被动，主体性和创造性受到极大的抑制（向红梅，2017[14]；刘昕，2016[19]）。

在师资选配上，目前我国应用型学科教师队伍仍以学院派为主，缺乏既有丰厚产业背景又有学术水平的“双师”型教师。在竞争性科研机制下，部分高校仍过分强调科研成果导向和社会服务职能，忽视了科教融合的基本方针，导致专业的知识体系发展甚至滞后于产业技术的发展（李拓宇等，2015[20]）。在培养资源上，产业界还未真正参与到高校的人才培养体系中来，工科专业中，对于现代工程师所必需的经济、管理、法律、社会类的课程与实践严重不足。社会科学类专业的学生又缺乏工科的专业知识和实践机会。在最开始的人才培养方案、课程设置与师资培养上，高校就与产业界脱离，导致培养的毕业生缺乏跨学科解决问题的综合能力，难以满足产业发展需要（陆国栋，李拓宇，2017[21]；步珏良，2013[22]。

此外，教学评价不合理，人才培养评价脱离目标。在师资评价上，目前我国高等院校教师的教学评价体系、职称晋升体制、科技成果奖励体系等都以科学家类型的人才为激励目标，更多的是以文章数量、专利数量、科研项目等为标准，这种研究导向的评价指标忽视了教学和人才培养的教育本质，不但扼杀了教师的教学热情，也影响了教学质量（张海兰，2014[23]）。在学生的评价方式上，我国很多高校仍然以考试结果代替评价结果，一刀切的方式忽视了学生个性化的发展（刘强，2016[24]）。

2.2 德国高等教育人才培养模式

作为欧洲近代大学的发源地之一，德国的大学一直有崇尚“学术自由”的传统，强调人文素养教育和个性化发展。早在1798年，德国哲学家康德就提出，人的理性自由应当是大学存在的前提和发展动力，大学要培养个性化和理性化的人。这在人类历史上第一次对现代大学的目的和性质进行了哲学层次上的探讨（刘江红，2014[25]）。之后的德国哲学家们又进一步深化了康德关于自由和尊重人性的思想。随着近现代德国“工业4.0”战略的实施，其个性化的人才培养理念和模式为德国引领世界制造发展方向提供了强大的基础保障。

首先，德国大部分高校将社会需求和个人兴趣有机结合，作为构建创新型人才培养模式的重要依据。德国的高等院校没有全国统一的专业目录，专业设置多样化。许多学校的教学计划在课程设置方面具有很大的弹性，且开设的课程覆盖面广、数量多，无论是通识教育还是专业教育，学生选择的余地都很大。学生可以根据自身能力、兴趣和今后的志向选修课程（胡春春等，2007[26]）。

随着科学技术和社会经济的发展，德国出现了越来越多的专业复合、学科交叉的行业，很多德国高校都设置了复合型专业，如经济法学、经济工程、经济信息学、技术化学、物理工程、应用语言学等，培养了大量具有跨学科背景并掌握不同学科知识的专门人才。

在教学组织形式上，德国大学盛行“习明纳”形式，通过探究性、启发性和参与性教学，提高学生的独立思考和自主探究能力（王林义，杜智萍，2006[27]）。教师在习明纳中的角色与其在导师制和讲授制中的角色有很大不同。课堂讲授中，教师处于绝对的主导地位，以教师对知识的说明阐释为主。导师教学中，导师通常以学生的论文和笔记为基础和学生进行交流。而在习明纳中，教师更多是帮助学生选定问题和分组，课堂主要由学生发言和讨论。每次习明纳的组织者或领导者大多是从学生中推选产生，也可能是学生轮流担当。这样一个学期下来，几乎所有的学生都有机会担任一次习明纳的主要发言人或领导者。领导者的任务是一方面确保成员谈话的自发性和非正式性，另一方面确保讨论不偏离主题，每个成员都积极参与其中。这种教学形式重视学生自主发现问题和自主解决问题，充分培养学生的主体性和创造性，教学过程是师生间和学生间的充分的互动交流过程。这种起源于德国的教学方式如今被众多世界一流大学采用（钱晓蓉，2017[28]）。

此外，德国大学“双师型”教师比例较大，经济管理等应用类专业的教师一般有在企业工作的经历，有的还是知名企业的管理人员，这是大学在聘用教授时非常看重的一个方面（吴晓岚等，1999[29]）。应用类专业都非常注重与企业的合作，基于灵活的学分制与教学模式，学生有大量时间去企业实习和参加其他社会实践活动。

3 我国经济工程专业个性化人才培养模式对策建议

随着德国工业化进入自动化阶段，经济工程专业（德语：Wirtschaftsingenieurwesen，简称 WIW 或 WING）在 20 世纪 90 年代以后得到飞速发展（Ulrich Bauer，2016[30]）。这个专业由经济学（Wirtschaftswissenschaft）和工程学（Ingenieurwesen）两大部分组成，同时又与技术、自然科学、法学等有着联系。该专业学生毕业后便可成为“经济工程师”（Wirtschaftsingenieur）。

经济工程师在德国本科毕业生就业薪资排行榜上高居榜首，因为该专业毕业生不仅拥有强劲的工科背景，掌握着某个领域的理论知识和技能，同时还具备经济学方面的知识储备。学生在低年级阶段学习经济知识，在高年级阶段则可以结合个人的兴趣和特长选择建筑工程、能源科学或工程等方向的专业训练，通过企业实习获得实践工作能力，沿着“兴趣—专业—职业”的个性化学习和专业路径，在个人职业生涯中发挥个人的潜力（陈江华等，2017[31]；宋玉军，2017[32]），也为德国的“工业 4.0”战略提供了人才保障。

与德国类似，随着我国“中国制造 2025”的推进，我国传统制造业由单一的生产制造逐渐向服务型产业转变，职业技术人员从传统的机器操纵者转变为工业流程和管理创新的变革者，既熟练掌握工业技术又具有经济学思维的知识型产业工人成为产业界争相抢夺的“香饽饽”。面对竞争日益激烈的国际市场，我国高校开始与德国合作设立经济工程专业。目前，经济工程专业在国内尚未发展和普及，只有个别院校开设该专业。由于正处于起步阶段，我国经济工程专业应借鉴德国经验，结合我国国情，采取个性化人才培养模式，从以下几个方面提高专业人才的培养质量。

3.1　转变人才培养理念，改革教学评价体系

首先，学校应本着“以人为本”的理念，着重培养学生的创新精神。不论顶层设计还是基层执行，人才培养理念应更重视学生的个人意愿和个性特征，教学活动应由以教师为主体转向以学生为主体。在教学管理过程中，行政部门不再主要是教学活动的监管者，还要成为人才培养活动的服务者；教师不再主要是知识的传授者和讲解者，而是学生的引导者与咨询者；学生不再是知识的被动接受者，而是技能的主动获取者。整个人才培养过程都要充分发挥教师和学生的主动性和积极性。同时，为了更便于学习德国经验，我国经济工程专业的人才培养方案可以由中德双方共同制订，借鉴德国课程模块化教学方式，实现培养“高层次、应用型、国际化”的现代人才的目标。在教学评价上，建立教学、科研、实践并重的教师考核体系，打破以考试分数为中心的学生评价方式，引进新的全方位的考核体系。考核由行业协会、企业、学校三方选出的评价委员会共同执行，鼓励学生根据自己的兴趣爱好和特长选择成长路径，实现与社会需求相匹配的个性化发展。

3.2　改革课程设置方案，完善教学组织形式

个性化人才培养模式必须改革我国高校现有的选课制度，从学年制转变

为真正的学分制和选课制，给学生更多的选择空间。例如，合肥学院中德合作经济工程专业的人才培养方案由中德双方共同制订，借鉴德国经验，实行课程模块化教学改革。专业课教学由中德双方教师共同完成，其中60%的专业课程由德方教授完成。课程设置涵盖实验实践教学、课程教材模块、教学方式方法以及跨文化交流等方面。通过公共基础课整合、专业基础课优化、自主学习强化、打破课程界限等方式，对教学内容进行优化、整合、重组。大量采用德国“习明纳”项目研讨式教学方式，提高学生独立思考、团队学习、语言表达能力。学生在国内完成本科阶段前三年的学业，第四年赴德国，在德国教授指导下完成专业方向课程模块、实习和毕业论文。这种人才培养方式更加注重学生的爱好和差异性，突出学生个性发展和创新能力的培养，将学习的选择权归还于学生，引导学生热爱学习和主动学习。

3.3 实施“三跨”选课制和学分替换制度

我国的经济工程专业在大学里作为一个独立的学科存在，但是这个专业实际上是典型的跨学科专业，由经济学和工程学两大部分组成，同时又与技术自然科学、法学等有着联系。为了发挥跨学科专业应用性广的优势，避免广而不精的弊端，我国经济工程专业应实行“跨学科”“跨学段”“跨学校”的“三跨”选课制度。在“互联网经济”和“中国制造 2025”的新形势下，多学科的知识结构是以“经济＋工程”型人才综合能力为核心要素和显著特征。因此，我们要打破学科壁垒，鼓励学生从多角度解决经济发展中的实际问题。另外，为了鼓励学生创新创业和参加社会实践，实施学分替换制度必不可少。我国经济工程专业更要积极推动教育部的《普通高等学校学生管理规定》，“学生参加创新创业、社会实践等活动以及发表论文等，获得专利授权等与专业学习、学业要求相关的经历、成果，可折算为学分，计入学业成绩。”对于自主创业和获得有关经济工程技能大赛奖和职业资格证书的学生，我们应出台“特长补短板的学分替换制、大赛获奖及创业活动的学分抵扣制”，扩宽学生的视野，满足经济发展所需的复合型双创人才需求。

3.4 加强校企合作，深化产学合作体系

因我国高等教育经费投入比例与德国相差较大，还需鼓励企业参与高校

人才培养，充分发挥学校和企业的各自优势，建立产学合作体系。这既能避免学校教学脱离实际，也能避免企业陷入“工荒”状况。经济工程作为应用型学科，学校和企业要联合建设实习基地，加大实训教学比例，实训与理论比至少应达到1∶1甚至3∶2。此外，在课程体系、师资队伍、实践平台等质量建设方面，大学与企业应紧密结合，取长补短。除了与大企业进行联合，还要充分调动中小企业的积极性，通过跨企业的培训和学校工厂的补充训练，或者委托其他企业代为培训等方法参与人才联合培养。在教师队伍建设方面，经济工程专业应着力造就一支“双师型”师资队伍。一方面要加大教师实践锻炼力度，鼓励教师多参加专业实践；另一方面要尽可能采取多种优惠措施，从产业界引进或者聘用经济管理和工程类专业人才。在创新创业实践上，引进校内和校外导师“双导师”制，更有针对性地给学生提供理论到实践的专业指导。

4　总结

中国进入工业4.0时代，面向“中国制造2025”将遭遇更为严重的人才瓶颈。在这个特殊的历史时期，我国经济工程专业作为跨学科人才培养的新兴学科，在学习德国经验的同时，更要从本国实际出发，突破传统的培养模式，以人为本，建立个性化人才培养体系。在培养学生的专业素质的同时，更要因材施教，强调学生的个性发展，在培养理念、课程设置、教学组织方式、教学评价体系等方面积极探索，这对加强我国人才的国际竞争力、实现产业转型升级有着非常重要的意义。

参考文献：

[1] 国务院关于印发《中国制造2025》的通知［EB/OL］.［2015-05-08］. http：//www.gov.cn/zhengce/content/2015-05/19/content_9784.htm.

[2] 苏学满，孙丽丽．“中国制造2025”背景下制造业人才的新需求［J］. 科教文汇（中旬刊），2016（2）：64-65.

[3] 文育林．改革人才培养模式，按学科设置专业［J］. 高等工程教育研究，1983（S1）：22-26.

[4] 潘艺林．人才培养模式创新的目标与路径思索 [J]. 中国高等教育，2009 (23)：36 - 38.

[5] 于晓红，张慧，景志红．个性化人才培养模式与教学方法的研究 [J]. 中国大学教学，2009 (2)：34 - 36.

[6] 虞立红，李艳玲，李敏谊．本科优秀人才培养模式探索——北京师范大学励耘实验班建设与改革经验 [J]. 中国大学教学，2009 (1)：24 - 26.

[7] 袁世鹰，郑伦仁，曹中秋，等．多样化人才培养模式与个性化人才培养方案研究 [J]. 中国大学教学，2003 (3)：10 - 11.

[8] 王育坚，张姝，马楠．计算机科学与技术专业个性化人才培养模式的研究与实践 [J]. 教育与教学研究，2016，30 (4)：61 - 66.

[9] 陈德人．电子商务专业的网络创业人才培养规范化探索 [C] //网商及电子商务生态学术研讨会，2010.

[10] 李勇，胡一民．高职航海技术人才培养规范评估 [J]. 中国培训，2014 (3)：11 - 12.

[11] 王晓辉．一流大学个性化人才培养模式研究 [D]. 武汉：华中师范大学，2014.

[12] 刘献君．高等学校个性化教育探索 [J]. 高等教育研究，2011 (3)：16 - 16.

[13] 张楚廷．全面发展实质即个性发展——重温马克思全面发展学说的启示 [J]. 北京大学教育评论，2004，2 (2)：70 - 74.

[14] 向红梅．基于“互联网＋双创”跨境电商个性化人才培养模式研究 [J]. 社会科学家，2017 (11).

[15] 康旭，袁江兰，方亚鹏，等．中外高校个性化人才培养比较研究 [J]. 广州化工，2017，45 (5)：177 - 179.

[16] 王严淞．论我国一流大学本科人才培养目标 [J]. 中国高教研究，2016 (8)：13 - 19.

[17] 顾海兵，薛珊珊．我国高校选修课比重亟待提高——基于本科经济学专业的国际比较 [J]. 中国高教研究，2009 (10)：85 - 87.

[18] 鲍荼英，江莉，李冬云，等．高校专业选修课的考核与评价方式改革 [J]. 科技视界，2018 (4).

[19] 刘昕．完全学分制条件下大学生教育管理研究 [D]. 济南：山东大学，2016.

[20] 李拓宇，李飞，陆国栋．面向“中国制造 2025”的工程科技人才培养质量提升路径探析 [J]. 高等工程教育研究，2015 (6)：9.

[21] 陆国栋，李拓宇．新工科建设与发展的路径思考 [J]. 高等工程教育研究，2017 (3)：20 - 26.

[22] 步珏良．企业与高校整合培养人才的探索 [J]. 中小企业管理与科技（中旬刊），2013（1）：80－82.）

[23] 张海兰．教学研究型高校教师评价指标体系改进研究 [D]. 西安：西安理工大学，2014.

[24] 刘强．论高校学业考试“分数膨胀”及其应对策略——兼谈高校“等级制”取代“百分制”改革 [J]. 高等教育研究，2016，39（2）：86－91.

[25] 刘江红．康德教育哲学思想探析 [J]. 太原理工大学学报（社会科学版），2014（4）：69－71.

[26] 胡春春，李兰，萧蕴诗，等．德国高等学校学位制度及学科专业设置——传统、现状和启示 [J]. 同济大学学报（社会科学版），2007，18（1）：112－124.

[27] 王林义，杜智萍．德国习明纳与现代大学教学 [J]. 外国教育研究，2006（7）：77－80.

[28] 钱晓蓉．中国书院讲会制度与德国大学习明纳制度的比较研究 [J]. 中国电子教育，2017（1）.

[29] 吴晓岚，诸克军，乔丽萍．德国大学经济信息工程专业的启示 [J]. 高等工程教育研究，1999（3）：60－62.

[30] Ulrich Bauer. Employability：Welche Kompetenzen fordern Unternehmen von TU-Absolventen，Industrial Engineering and Management，DOI 10. 1007/978－3－658－12097－9_1，2016：17－19.

[31] 陈江华，刘鑫，贾佳．中德合作经济工程专业本土化及其表现 [J]. 应用型高等教育研究，2017，2（2）：25－29.

[32] 宋玉军．经济工程专业本土化的构想与实践——基于合肥学院中德合办专业的经验及启示 [J]. 应用型高等教育研究，2017（3）：58－61.

经济工程专业应用能力培养研究

朱天明

（合肥学院　经济系）

摘　要： 本文主要研究经济工程专业应用能力培养的动因、方向与做法，指出经济工程专业人才培养注重应用能力培养，弥补了传统经济学专业在人才培养上的不足。经济工程专业人才培养结合经济与工程应用，人才培养与企业需求的契合度更好。本文分析了企业对经济工程专业人才的需求，提出应用能力培养的方案，并分析了未来发展趋势及对策。

关键词： 经济工程专业；应用能力

1　经济工程专业弥补了经济学传统人才培养不足

1.1　传统经济学专业人才培养存在专业能力不足的问题

传统经济学注重专业理论分析，以学生从事经济管理的分析工作和实践为培养方向，这是在国家对经济学人才的宏观把控的基础上建立的。国家建立宏观管理基础上的经济学专业人才培养适合中央高校高水平理论型管理需要，同样的培养方式对于普通地方本科院校的学生而言，专业需求难以保障学生就业后的岗位需求。同时，在国家层面上专业设置与设计缺乏地区性特征，经济学专业人才培养难以适应市场需求与学生就业实际。传统经济学专

基金项目： 合肥学院教学研究项目“基于 workload 导向的应用型投资学人才培养模式研究”(2017jyxm038)。

业对于人才培养的职业素质与职业技能考虑不足。传统经济学专业本科人才培养方案设定，学生毕业后能在各级政府综合经济管理部门、政策研究部门、金融机构和企事业单位从事经济分析、预测、规划和管理工作。根据经济学专业本科毕业生职位来看，真正从事经济分析、预测、规划和管理工作的毕业生较少，传统经济学专业人才培养的人才对于岗位的适应性较弱。

1.2 经济学专业人才培养呼唤确立应用型人才培养的改革方向

合肥学院是地方型新建本科院校，培养人才主要面向安徽及江浙沪地区的各类企业，其中50%毕业生在省内就业，90%毕业生在长三角经济圈就业。在长三角范围内经济学专业人才培养的发展方向要求，经济学专业应用型人才需要适应新形势下各类企业的发展需要与社会发展需要，既要适应各类中小企业要求的专才与干才，又要适应大型机构与外企要求的精深专业化；既要适应企业对各类经济管理岗位的综合技能要求与多变的市场环境，又要适应政府、企事业单位的规范化机制约束。地方型本科院校经济学应用型人才培养要求学生既要“顶天”又要“立地”，既要承接国家政策，又要将政策落实到企业生产实际，成为真正能为企业所用的经济专业人才。应用型经济学人才要发挥在企业中顶天立地的作用，就要在人才培养中解决好经济、技术与管理培养的应用问题。经济分析是经济学专业的传统强项，精于算计是把政策、市场的外部因素与企业管理内部行为统筹到一起。在统筹的过程中会面临企业的行业特点、技术发展、企业运行机制，这就是技术实现，经济手段落实到企业行为的具体经济过程就是实现经济过程与技术过程，而完美地实现这一过程就是管理的魅力。应用型人才培养就是要将这三者完美地结合起来，让经济学专业应用型人才把它们带到未来工作的企业去，实现学校服务企业、企业服务社会、培养的人才服务社会，也实现人才的自我发展与价值。

1.3 经济工程专业为经济学应用人才培养找到了新的出路

经济工程专业将专业工程技术与经济学完美融合，为特定技术专业领域培养懂经济会管理的专业人才，人才培养针对性强，行业适应能力强，融入企业快，岗位适应力强。经济工程专业是顺应新经济时代人才需求产生的新专业，是应时而生的。新经济时代产业格局发生快速变动，传统产业升级形成新兴技术产业。经济工程专业是顺应新技术发展需求产生的新专业，是应需而生的。进入21世纪，技术发展发生了新的变化，技术发展进程加快，技术迭代速度加快，劳动分工细密以后的简单人力劳动大量被机器取代，单一技术的脑力劳动被智能机器取代。在这样的时代背景下，对人才复合能力的要求更强，在新兴技术领域需要大量掌握经济规律，掌握专业技术，服务于特定专业领域的企业，从事商业运营与技术管理。

2 经济工程专业学生专业能力需求的调查

2.1 经济工程专业学生的职业分布与岗位特点

分析经济工程专业学生去向的研究结果表明：经济工程专业学生就业面广泛，去向较为分散，分布行业广泛，有电子、机械、计算机等行业，机构类型包括政府、企事业单位及各类商务机构，在金融、贸易、财务、行政领域的占多数，不同的是分布在财务、贸易与行政岗位工作的机构类型较为复杂，有生产型企业、有贸易型企业；从事贸易的有产品型厂商，也有贸易公司。经济工程在专业化企业的各分支领域存在于技术和经济交叉的岗位中具有大量的需求。

经济工程专业毕业生岗位适用面广泛，说明社会对经济工程专业认可度高。经济工程专业毕业生的岗位在企业中的分布则相对集中在技术采购招标、专业运营管理、供应链、行业营销等与经济工程关联度高的岗位。

2.2 企业对经济工程专业学生的专业能力需求

经济工程专业学生就业的职业特点：行业分布分散，企业内的岗位分布集中。表现为经济工程专业学生就业主要是企业内部管理、供应链与行业营销三个大类。从事企业内部管理要求员工懂得产品特点、技术特征，又要熟悉经济学专业的各种基本规律，能够应用专业知识处理企业事务。从事财务与市场领域的工作，也要求掌握与企业主导业务方向领域相关的技术能力。经济工程专业的就业分布大分散、小集中的特点，也为经济工程专业分析专业能力需求提供了有效的识别方案。

根据企业岗位分析，经济工程专业应用型人才的经济分析能力要解决政策分析、企业财务分析、市场预测。工程能力则体现于企业运营活动中的各行业技术管理领域，行政上沟通各技术部门的能力、熟悉技术分析工具作为沟通工具的能力，具有行业特征的财务管理能力和市场营销能力，熟悉企业的管理内容，理解各项产品技术特点，会运用于市场营销活动中，在财务管理中熟悉管理的内容与财务的关系。

3　经济工程专业能力培养的探索

根据对毕业生的调查与走访，经济工程专业人才培养强化经济分析能力、增进技术应变能力、加强管理能力。根据长三角地区经济社会发展需要，我们选择房地产方向为突破口，建立以房地产行业管理为特色，掌握房地产企业运行，熟悉房地产市场运行的经济工程专业的应用型人才。我们借鉴德国经济工程专业的人才培养组织体系，在实践中增加房地产专业类技能选修课程，同时加强实践教学，落实三个能力与素质的培养。

3.1　加强经济工程专业学生工程方向专业素质与技能

在人才培养方案上实现房地产专业技术选修课程进入学生学习内容。在人才培养方案中增加房地产行业的相关课程，包括“建筑力学”“建筑能源”“城市规划”“房地产估价”“建筑结构”等，让学生深入了解房地产行业的各类企业的运行，市场各领域的具体运行机制与操作方法，在人才培养上把特色行业做实。真正让学生掌握房地产行业的经济规律、市场运行、企业管理、项目运作，成为具备该行业专业素质与技能的技术与管理的经济专才。

在课堂教学中突出行业应用，结合市场进行政策解读，结合项目进行具体操作分析，结合课程考核安排学生课后实践学习，真正让学生学会、弄懂、会用，不再是只知道经济理论而不会应用的“书呆子”，而是成为行业里手。

3.2　突出应用型经济工程人才在经济、管理、技术上的实践教学

整合实践教学环节，形成系统化的实践教学体系，根据人才培养要求设置实践教学环节，在四年时间内，统筹安排，有序推进。根据近几年来我校

推进实践教学的经验，针对经济学专业特点，我们借鉴德国经济工程专业的做法建立了课程实践、专业认知、专业实习的综合实践教学体系。

3.2.1 课程实践

所谓课程实践，即在课堂中进行与专业理论相对应的课程实训，更好地将理论与实践结合起来。具体来讲就是要大力推广经济工程案例教学法和互动教学法，引导和启发学生提出问题和思考问题。以案例学理论，培养学生良好的经济学思维习惯；以理论析案例，提高学生运用理论分析现实各种经济问题的逻辑思维能力。我们认为，培养能运用经济学原理来分析和解释现实经济问题、预测经济走向和政府可能采取的宏观政策，乃至采取相应行动以提前规避经济波动或经济政策对自己、家人或朋友的不利影响，就是在培养应用型人才，只是这种应用型人才不是一般意义上的动手能力强的应用型人才，而是动脑能力强的应用型人才，这种培养人才的理念最原始地体现了经济学“学以致用”的精髓。

课程实践的另一种形式就是经济学实验，课程实验强调学生动手与动脑相协调，理论知识与实践相统一。实验分为两种，一种是经济学理论实验，学生在实验室里亲自设计以验证经济学原理、体验经济规律、模拟现实经济、检验经济学命题、评估经济政策、深化对经济现象的认识。另一种是方法类的实验，比如计量经济学实验、投资项目评价实验等，学生通过实验深化对数据的收集分析能力和财务分析能力。

3.2.2 专业认知实习

专业认知实习是培养应用型人才的有效环节，是理论课程教学体系的延伸。专业认知是学生深入专业课程之间、深入社会学习社会知识，在后期的理论与实践教学中增强专业学习的主观能动性。与理论教学课程和实践教学课程相比，专业认知实习更灵活，通过学生的真实生活体验获得专业学习需求，触动学生学习的原动力，让学生主动去体会、感悟、思考和解决问题，自觉训练经济学思维，培养经济学直觉，提高综合素质。这种模式主要包括学生申报科研课题，或是参与教师的科研课题、中期论文写作以及参加各种知识竞赛、项目策划大赛等，把课堂上学到的知识加以运用，并且形成学以致用的能力，又培养了他们的社会活动能力。

3.2.3 专业实习

校外实践教学基地与校内实践教学基地一样，是实践教学框架的重要组成部分。校外调研实习模式是培养学生解决实际问题的重要途径。经济现象瞬息万变，如何在纷繁复杂的社会现象中抓住事物的本质，然后找到解决问题的办法，是学习经济工程要达到的根本目的。实践基地教学让学生深入工地与销售现场，真实感受施工管理过程和市场营销过程。

校外调研实习模式主要包括假期社会调查、专业课程实习、毕业实习等环节。社会调查主要是利用寒暑期组织学生到本专业的对口实习地点进行各种社会调查，既可以分散进行，也可以集中进行，目的在于让学生对农村、企业、政府部门进行深入了解。通过调查，加深对经济学原理的认识。

毕业实习是对学生综合能力的一次全面训练，学校应积极建立稳定的校外实训基地，为学生综合实践能力拓宽实践环境。学生通过直接接触企业、接触社会，不仅能提高解决实际问题的能力，还能陶冶职业意识和敬业精神，增强未来工作的适应性。经济工程校外实习基地应与经济工程专业人才培养目标的要求相适应，遵循互利互惠原则，采用多种灵活的方式建立实习基地。

3.2.4 毕业论文

毕业论文设计是学生就业前的最后一次实践，是对学生学业和分析解决问题能力的一次综合训练，同时也是对学生在前面实践环节中能力是否得到有效锻炼的一次集中检验。毕业论文与真实企业、市场行为接轨，做到论文写作与实习工作相结合，真正在行业内看市场、想政策、出对策、精心策划管理工作，让毕业论文与工作高度吻合。

4 未来的发展方向与建议

4.1 在教学管理中加强理论与实践教学相结合的力度，激励教师实践教学的积极性

地方高校加强实践教学要落实到教学实践中，不仅仅是教学方案与教学组织的形式变革，而是深入教学的各个环节，教学管理要加强对实践教学的组织与引导，增加教师的积极性。同时加强与政府机关、企业之间的联系，特别是校企之间的合作，尽可能多地建立实习基地，争取做到每位同学四年内都至少有一次实习机会。此外，针对当前存在的实习内容与同学们所学的专业知识相关度不高这一问题，要求学校有关部门在选取实习基地时要有针

对性，通过社会实践活动，使得同学们能将平时所学的理论知识运用到实际工作当中，为教师开展实践教学提供更好的平台。

4.2 注重培养学生实证分析的能力及思维

没有经过实证检验的观点将备受质疑，其说服力将大打折扣，经济学的实证化是一种趋势，也至关重要。为此，我们首先要给学生们灌输这一理念，使得同学们平时在思考问题、分析问题中始终要做到“有据可循”；其次就是培养学生进行实证分析的能力。虽然目前大多高校经济学专业设置过程中都开设了计量经济学课程，但大多数同学只是为了应付考试，学会了理论而不会操作，这就要求在开设这些应用性较强的课程时应改革以往的考试方式，可以考虑采取上机考试的方法。在经济分析技术上要更进一步重视，不能因为增加行业技术与行业管理的特色课程而忽略经济分析工具的应用。

4.3 高年级学生增加外文文献阅读

应用型人才的国际化目标是合肥学院的特色之一。目前高校毕业生的英语水平提高很快，四、六级通过率越来越高，已经具备了阅读一些经济学经典著作、文献的条件。因此，建议在高年级阶段开设“经济理论与名著选读”课程，并指导学生阅读一些经济学的经典文献，引导学生关注国际经济局势，指导学生了解国外经济动态，认识国际经济对我国行业经济的影响。这也是真正落实行业的经济应用，既是经济分析，又有技术应用，也关注管理实践。

参考文献：

[1] 田涛．地方高校经济学专业教学实践体系构建 [J]．特区经济，2016 (1)．

[2] 王力．安徽省应用型本科高校经济学专业人才培养模式探讨 [J]．湖北经济学院学报（人文社会科学版），2016 (1)．

[3] 周荣蓉．应用型本科经济学专业模块化教学探索 [J]．产业与科技论坛，2017 (04)．

[4] 杨敏．经济学专业“五位一体”应用型人才培养模式的应用实践——以玉林师范学院为例 [J]．玉林师范学院学报，2018 (08)．

[5] 敬然，于光，党杨．应用型本科高校经济学专业人才培养模式探讨 [J]．现代营销（经营版），2018 (06)．

浅谈经济工程专业学生可用性能力的提高

——以“房地产经济学”课程实践项目设计为例

贾　佳

（合肥学院　经济系）

摘　要：经济工程专业以培养具备工程学和经济学素养的复合型人才为目标。要求学生在掌握经济学理论和分析方法的同时，也要掌握工程学专业知识，以便在工作中能够对任务进行经济性和工程性的双重评价，因而能够胜任经济和工程交叉领域的各项工作。可用性是经济工程领域的一个重要课题，它涉及产品的有效性、效率和用户满意度。近年来，企业尝试应用以用户为中心的设计方法提高产品可用性，从而优化企业的生产率和经济效果。本文首先论述培养经济工程专业学生可用性意识的必要性，然后介绍通过以客户为中心的设计来提升可用性的整体思路，并通过“房地产经济学”课程中实践项目的设计，讨论如何提高学生的可用性能力，最后结合目前教学的具体情况给出建议及优化思路。

关键词：经济工程专业；可用性；项目教学法；以用户为中心的设计

1　前言

经济工程学是工程学和经济学交叉的新兴学科。在工作中，经济工程人员需要综合利用工程学和经济学的专业知识，兼顾技术和经济效益两个方面，从企业整体的角度进行决策，努力优化企业流程、提高系统的质量和效率，并科学控制成本。经济工程专业人员能够在技术岗位上兼顾经济学思维，也能够在非技术岗位上利用工程技术知识为企业服务。这种复合型的综合人才符合目前社会和经济发展的趋势，在人才市场上具有很高的需求量，并有广阔的职业发展潜力。顺应这种需求，美国和德国高校自20世纪开始设立经济工程专业；我国高校秉承“引进来”的思路，借鉴国外经济工程专业的理念和成功经验，复旦大学和合肥学院近年分别开设了中德合作的经济工程专业。随着该专业的本土化发展，合肥学院经济系逐渐在经济工程学科和专业建设方面取得了可喜的进展和丰硕的成果，2018年合肥学院获批设立经济工程专业，成为国内唯一的本土化的经济工程专业。在一带一路的背景下，随着国家间经济和文化合作的逐步加深，经济工程专业也将“走出去”，向一带一路沿线国家输出办学经验和成果。经济工程专业毕业的学生将拥有更广阔的职业发展前景。

在目前市场经济环境下，用人单位对经济工程人员的期望值正在迅速提升，但经济工程专业的人才培养现状与市场对于人才的要求之间还存在着不容忽视的差距，主要体现在知识更新相对滞后、教学内容对学生吸引力不强、实际应用能力欠缺、教学手段与考核手段单一等方面。[1]国家大力推进教学改革，希望加快专业建设，改善学生的学习效果，提升学生的实际能力。

可用性（Usability）是经济工程领域的重要课题，是指产品对用户来说有效、易用、高效、少出错并令人满意的程度。[2]企业可以通过以用户为中心的设计（UCD）方法来提升产品可用性，从而增加产品的竞争力，助力企业发展。该思路在工程企业中已受到日益广泛的重视，企业希望经济工程专业人员具有提升企业产品可用性的意识和能力，切实为企业服务。因此，培养经济工程专业学生提升企业产品可用性的相关能力，满足企业的迫切需求就显得格外重要而紧迫。可用性能力需要依靠实践来提升，本文以经济工程专业核心课程“房地产经济学”为基础，设计实践项目，并重点讨论如何通过项目提升学生的可用性能力，从而实现教学改革目标，也可为经济工程专业其他课程建设提供参考。

2 可用性及以用户为中心的设计相关理论介绍

2.1 可用性的概念及重要性

近年来，工程企业意识到用户对于企业生存和发展的决定性作用，逐渐形成了以用户为中心的企业管理思路，要求企业内各流程和环节（包括设计、生产、改进、安装、管理和控制等）都以用户为中心。可用性作为一个评价用户体验的综合指标，最初应用在人机工程学研究中，而后受到经济工程领域的广泛重视。

产品的可用性（Usability）是指用户能否用产品完成他的任务，效率如何，主观感受怎样，实际上是从用户角度所看到的产品质量，是产品竞争力的核心。[3] ISO 9241—11 标准将可用性定义为："一个产品可以被指定用户使用的程度，以达到在特定环境中实现有效性、效率性和满意度的特定目标"。[4]

对于经济工程人员来讲，可用性是其工作成果的重要衡量标准，具体包括有效性、效率性和满意度三个方面。有效性描述用户在使用后是否正确并完整地达到了既定目标；效率性描述用户完成任务所投入的资源（比如时间）与所获得成果之间的比率；满意度用于评价用户在使用产品过程中所感受到的主观满意和接受程度。当经济工程人员以提高产品的可用性为工作目标时，他可以明确工作目标，更高效地进行资源的配置和利用。

就企业而言，产品的可用性直接影响企业的生产率和经济效益。对于中小企业，提升产品可用性能够有效提升消费者的心理占有率[5]，在跟大型企业的竞争中占据一席之地。比如小米手机的成功，体现出产品的高可用性所带来的巨大竞争优势。中大型企业以产品可用性为目标，可以更有效地制定策略，整合并利用资源，实现更高的市场占有率或销售利润。

2.2　以用户为中心的设计

以用户为中心的设计（User Centered Design，UCD）是一种可以切实提高产品可用性的方法。UCD 理论早期主要应用在人机交互系统的设计和开发中，比如在进行网页设计和应用程序时，从用户的需求和用户的感受出发，围绕用户需求进行，而不是让用户去适应产品。现代企业对 UCD 的应用进行了拓展，不只是在设计和研发阶段考虑用户，而且要求企业的各部门和各环节，无论产品的研发、产品的生产、财务及成本控制、销售等部门，都时刻考虑用户可用性。

如图 1 所示，UCD 的具体实施以计划为起点，以设计出满足用户需求并且符合企业实际情况的解决方案为终点。在充分考虑用户需求的基础上依次进行中间四个步骤，首先研究使用环境，然后研究用户需求并将企业的实际能力与客户的需求相对应，接着进行设计并形成设计初稿，最后对设计初稿进行评估，针对在评估中发现的不足，重新进行需求的细化调整并相应调整设计方案，直至设计方案在评估中显示满足客户需求，才确认形成最终方案。

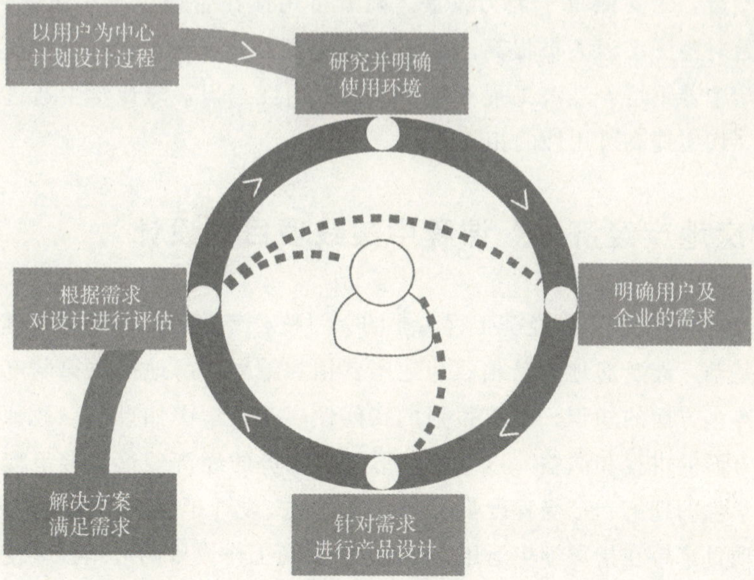

图 1　以用户为中心的设计（UCD）实施流程[6]

UCD 方法的运用能显著提高产品的可用性。因为在传统的企业生产流程中，用户只能作为最终消费者进行产品体验，其对于产品的改进意见很难实施。即使这些用户意见体现在企业的下一代产品中，因为耗时较长，用户需求可能又发生了变化。而 UCD 方法的运用使得用户从产品的开发和设计阶段就参与进来，产品能充分体现用户需求，更容易高效地为用户提供满意的使用体验，而企业充分重视用户的理念，容易让用户普遍产生参与感，带来较高的用户忠诚度。

现代企业已经不只是在产品的设计研发阶段应用 UCD 方法，而是要求各部门协作应用 UCD 的思路，即每一项具体任务都以用户需求和可用性为核心，进行计划和实施，这也成为各行业面对激烈竞争提升企业自我价值的一种趋势。

2.3 在经济工程专业教学中注重可用性能力培养

经济工程学是一个理论与实践紧密结合的学科。经济工程专业的培养目标强调从社会和实际工作环境对毕业生的要求出发，进行学生知识、技能、能力的塑造，尤其侧重于能力发展。随着可用性在企业中越来越受到重视，企业开始对经济工程人员提高产品可用性的能力要求日益提高。因此，有必要在教学中着重培养经济工程专业学生的可用性意识，并让学生通过参与实践环节，切实提高可用性的相关能力。

3 “房地产经济学”课程中实践项目的设计

“房地产经济学”是经济工程专业的一门核心专业课，课程以管理学、经济学为基础，涉及房地产价格、房地产营销和策划、房地产法律制度及房地产金融等多方面的知识，具有很强的实践性。在教学中如果仅以教师为主导进行单方面的讲授和灌输，以结论的形式把深奥的经济理论直接呈现在学生面前，学生的理解和接受程度都十分有限。本文设计了一个“房地产经济学”的实践项目，旨在指导学生运用 UCD 方法提高工作成果的可用性，使学生在实践中理解并掌握提高可用性的方法。

实践项目的内容是评估房地产项目的可用性，撰写可用性调查报告。利用合肥学院与当地房地产企业建立的校企合作实习基地，学生到楼盘销售处实地接触潜在购房人，了解购房人的想法和需求，并与房地产企业的策划、设计、市场、销售等部门进行沟通，然后以小组为单位撰写可用性调查报告。各小组报告由专家点评并打分，评价结果作为学生此项目成绩的重要考核标准。具体步骤包括：

(1) 学生到商品房楼盘的销售处调查购房人的需求。主要通过访问和观察购房人，确定购房人的需求。访问过程中注重购房人的想法和意见，研究现有楼盘满足了用户的哪些需求、没有满足哪些需求。并对需求依据出现频率和强烈程度加以甄别，以此为基础提炼出典型的购房者特征，在后续步骤中将典型购房者作为主要用户，针对其需求和特征评估楼盘的可用性。

（2）以典型购房者的需求为基础，围绕有效性、效率性和满意度设计调查问卷。再次去售楼处，请潜在购房人填写调查问卷。在调查中注意区分调查对象有无真实的购房意愿，因为用户如果有真实的购房意愿，其需求才更有代表性和研究价值。

（3）小组成员进行头脑风暴。针对上一步骤获取的用户每项需求，提供楼盘策划方案的改进方法，并与现有的楼盘进行对比，着重对现有情况未满足的用户需求进行优化改进。接着询问房地产企业策划、市场、销售等部门的意见，看学生提出的改进方法是否适用于企业的实际情况及能否得以落实，筛选出可以实现的改进意见。

（4）撰写可用性调查报告。包括用户需求的调查结果及分析，现有楼盘可用性的各项指标表现、改进意见及改进的经济性分析等。

（5）成果汇报及研讨。各小组对于自己形成的报告进行集中汇报，邀请房地产企业的管理、策划、设计、销售人员参加，汇报的内容由专家和房地产企业人员进行打分。随后大家就如何在房地产项目中提高可用性以及 UCD 方法的使用进行讨论，学生也可以向专家和房地产企业人员提问，及时解决项目中遇到的疑难问题。

学生在项目实施过程中得到锻炼，通过实践了解到产品可用性应如何分析及改善，对于在实际环境中如何应用 UCD 方法也有了直观深刻的认识。

4 实践项目的预期效果

4.1 有助于学生对理论知识进行理解和掌握

学生在进行课外实践操作时需要不断地找寻理论基础，并将实际情况与理论知识相互印证。在这一过程中对于理论知识有了更直观的理解。比如经济工程人员工作中注重经济性分析，学生在此项目中可以体会到，用户一方面愿意使用高可用性的产品，另一方面要承受提高可用性而产生的价格增加，那么在高可用性和价格之间，用户会经过权衡选择更有性价比的方案，而不是一味地要求提高可用性；从企业的角度看，提高产品可用性会增加客户满意度，但由此增加的成本可能使利润摊薄，因此企业会在增加产品可用性的收益和成本之间做出最优选择，也不是一味地追求提升产品的可用性。学生通过听取用户和企业双方面的意见，能更深刻地理解经济性在实践中的含义。

4.2 提高了学生的参与性和学习主动性

教师主要把握项目每个步骤的目标，不会手把手地带领学生完成具体步骤。而每项具体任务如何完成，需要学生查找教材或者查阅相关资料，带着问题自行寻找答案。这样的方法使学生在解决问题时获得主导权和参与感，所提出的解决方法能迅速得到实施，会使学生非常具有成就感。因为曾对特定问题进行过深入思考，今后再遇到相关问题也会格外关注，进而养成勤于思考的习惯。学生在学习中从被动接受转变为主动获取知识，能在很大程度上加深知识的接受和吸收程度。

4.3 有助于学生的实际应用能力的提升

在项目的各个步骤，对学生都有较高的职业要求。比如观察和访问购买者，需要选择合适的时机切入，将事先设计好的问题以清晰、容易理解的方式提出，并且不能占用受访者太多时间，这样受访者才愿意配合访问；在整理需求的时候，面对搜集到的海量信息，需要迅速整理，条理清晰地归纳出来；在小组讨论和形成报告时，需要参考并学习专业的调查报告，写出严谨翔实的调查报告；在汇报时，需要制作演示文稿并进行现场宣讲，演示文稿和口头陈述观点的能力都得到锻炼。

4.4 有助于提高学生的协作能力

在项目的实施中，各步骤都需要小组成员分工协作，并涉及与购买者、房地产企业各部门工作人员的沟通和配合。在有些步骤中，学生需要假设自己是房地产企业的工作人员，比如在头脑风暴的过程中，学生要假设自己是财务、销售、房产建造和施工等各种身份来审视提高可用性的建议，设身处地地体会在企业内部的实际工作中，各部门都自然倾向于将自己部门的业绩和利益放在考虑的首位。但本项目的核心目标是提高楼盘的用户可用性，因此小组成员需要在平衡考虑各方因素的前提下，仍能达到提高可用性的目标，这是对真实工作环境的模拟和再现，对提高学生在未来工作中所需的沟通能力和合作能力是大有益处的。

5 实践项目设计实施中需要注意的问题及对策

5.1 时效性

由于房地产市场受多种因素影响，始终处于不断变化之中，决定了“房地产经济学”是一门时效性很强的课程。在课堂讲授和实践项目中注意针对房地产市场不断出现的新现象、新名词，教师应随时进行知识点更新，比如近年房地产业行业出现的跨界融合、大数据应用等趋势，应当让学生及时了解，才能在项目实践中及时适应新环境。

5.2 针对性

学生由于缺少实际工作经验，进行问题分析时，往往无从入手，或者面对一系列相关理论，不知道应该利用哪个理论解决眼前的具体问题；另一方面，课堂讲授的知识往往是高度简化的，而实际工作中的情况错综复杂，可能经常出现变化。这时候需要教师有针对性地指导学生分析情况，并引导学生进行归纳，高效地解决问题。因此对指导教师的判断能力和实践经验都有较高要求。

5.3 系统性

房地产经济学是多个理论的融合。在知识结构上，地租地价理论、市场供求理论、交易费用理论、投资理论、经济周期理论等十余个理论构成了房地产经济学的主要理论体系；在研究方法上，房地产经济学综合应用抽象分析、静态与动态分析、均衡与过程分析、总量及结构分析、数量经济模型分析等多种分析手段；在实践项目中，虽然学生的核心目标是完成可用性调查报告，但要高质量地完成报告，需要对理论知识及分析手段有系统性的应用能力。这些需要学生在平时的学习中有意识地建立知识体系并对知识点进行梳理，才能做到在应用时信手拈来、运用自如。

5.4 真实性

实践项目应尽可能贴近真实购房者，刻画其需求；然而在购房现场能访问到的购房者数量不足，因此通过访问和观察所取得的用户需求不够全面。甚至有时用户面对访问，会出现掩饰或歪曲自己真实需求意愿的现象。例如顾客在填写市场调查问卷时，可能因为误解题目意思而给出不实的回答，或有意将问卷填写得比自己的实际情况更优越来获得心理上的舒适，或出于各种原因不方便透露内心的真实感受，这些都会阻碍调查者获取用户的真实需求。在今后的实践项目中，要通过问题和问卷的设计，努力提高用户需求调研的数据质量。

6 结语

经济工程专业的学生拥有广阔的职业发展空间。近年来，建筑、能源、机械、电子信息科技、房地产等众多行业的技术部门都对经济工程人员有大量需求，其他各行业的管理、销售、财务、物流等部门也广泛认识到经济工程专业人员为企业带来的收益，愿意招收有经济工程背景的员工。在工作岗位上，经济工程人员将通过提高其供职企业的产品或服务的可用性，发挥越来越重要的作用。本文通过"房地产经济学"课程实践项目的设计，讨论了如何让学生有效地提高与产品有用性相关的工作能力。经济工程专业应在其他专业课程中重视产品可用性，并通过案例教学、翻转课堂等多种手段配合，促进学生可用性相关能力的提高，使学生在未来的工作岗位上发挥看得见的作用，对国家的经济建设做出更大贡献。

参考文献：

[1] 其格其．市场经济环境下工程经济课程教学改革研究 [J]. 纳税，2018 (10)：167-168.

[2] Isabel L. Nunes. Teaching Usability to Industrial Engineering Students [C]. Springer International Publishing，2017：155-162.

[3] S. Krug. Don't Make Me Think! A Common Sense Approach to Web Usability. New

Riders，Berkeley（2006）.

[4] ISO 9241—11：Ergonomic Requirements for Office Work With Visual Display Terminals（VDTs）—Part 11：Guidance on Usability（1998）.

[5] 赵雯，吴倩，盛佳．基于应用型人才培养的工程经济学课程教学研究 [J]. 辽宁科技学院学报，2016，18（4）：34-36.

[6] ISO 9241—210：Ergonomics of Human-System Interaction—Part 210：Human-Centred Design for Interactive Systems（2010）.

三、经济工程专业课程教学研究

经济工程专业课程模块化改革研究

吴应宁
（合肥学院　经济系）

摘　要：通过行业调研、确定核心能力、分解子能力、对应知识点、构建模块、组建模块体系等思路，构建经济工程专业模块化课程体系图。分析经济工程（建筑）专业和经济工程（数字经济）专业模块化改革前后课程内容的变化情况，同时，分别设计出相应的中观模块构成图。

关键词：经济工程专业；模块化改革；中观模块图

经济工程专业以“经济学＋”为专业设置基础，将产业发展态势、技术研发方向与学生自主选择结合起来，综合对等开设经济学与工程学课程，以培育既懂经济管理又懂工程技术的能胜任金融、建筑、能源、环保、智能制造等行业综合岗位工作的复合型、应用型高级人才。[1]在模块化教学中，凸出强调根据学生未来工作岗位所需要的各种能力，设计各种模块化课程，同时加强校企合作，强化实践教学，以培养学生的应用能力。[2]因此，经济工程专业作为一个以培养应用型人才为目标的跨学科专业，与模块化教学模式不谋而合。我们应加快推动经济工程专业课程模块化改革，构建起适合培养应用型人才的模块化教学课程体系。

作者简介：吴应宁（1982—），男，汉族，安徽省望江县人，经济学博士，合肥学院经济系副教授，研究方向：教育理论与教学改革。

1 课程模块化改革总体思路与课程体系建设分析

1.1 总体思路分析

经济工程专业根据不同的工程学领域可以分为不同的专业方向。如果是经济学与建筑学对等融合，即经济工程（建筑）专业；如果是经济学与大数据科学对等融合，即经济工程（数字经济）专业。推动课程模块化改革的第一步是确定学生应掌握的专业能力，这就需要我们加大对企业等用人单位的调研力度，准确了解用人单位的需求，从而确定专业核心能力，并分解成相应的子能力。[3]以经济工程（数字经济）专业为例，我们可以根据岗位不同分析相应的专业能力，如图1所示。

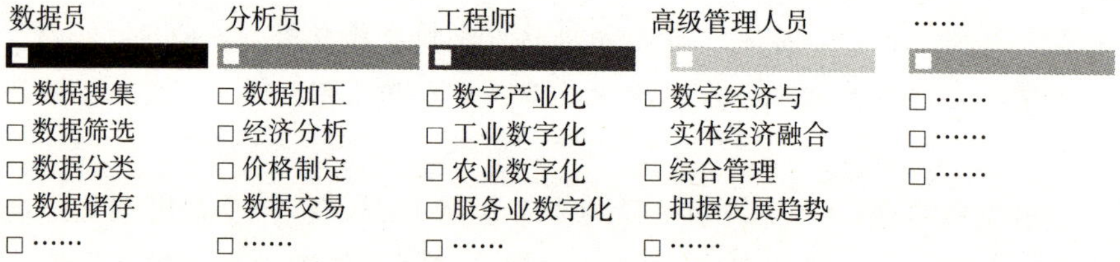

图1 不同岗位所对应的能力分解图

能力与知识点是一一对应关系，即每个能力对应着相应的知识点，我们根据不同的子能力，就可以构建相应的课程模块，不同的课程模块组合在一起，构建起了系统的模块化课程体系，如图2所示。

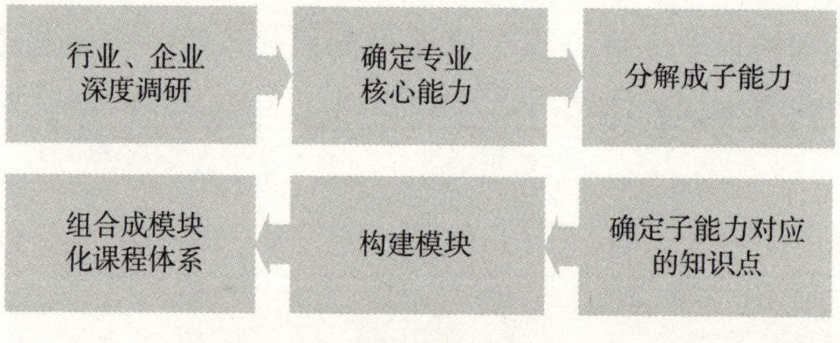

图2 模块化课程体系构建总体思路

1.2 课程体系建设分析

我们根据上述模块化改革总体思路，可以构建相应的课程体系，具体构建步骤为：根据国内外高校同类专业情况、学校办学定位和办学特色以及社会需求，确定专业培养目标及培养规格，并推导出学生应掌握的知识、能力及素质，将能力和知识分别分解为不同的子能力和子知识，构建不同的专业模块，并与认知实习、第二课堂、专业实习与实践等构成能力导向和系统性的模块化课程体系，如图 3 所示。

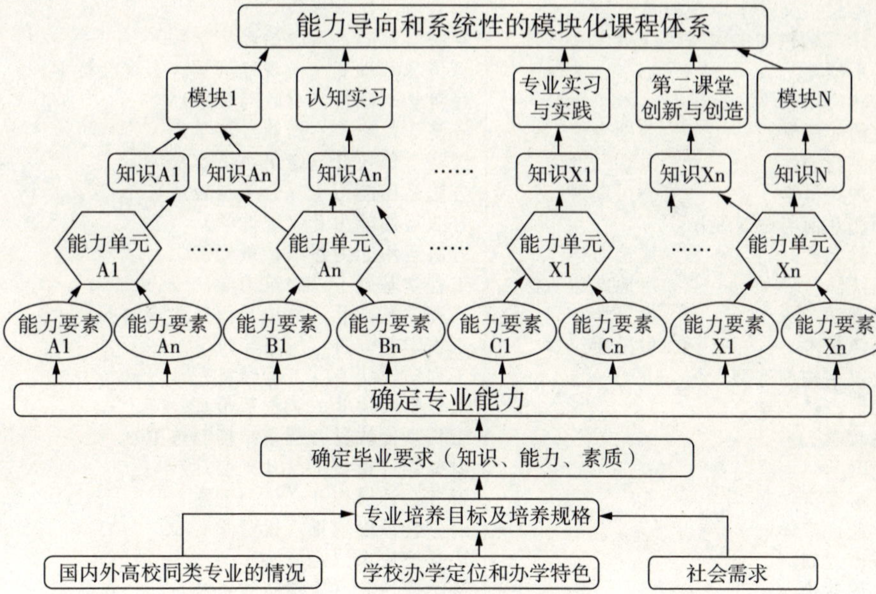

图 3　以专业能力为基础的模块化课程体系构建图

2 经济工程（建筑）专业模块化课程设计分析

2.1 课程内容体系变化情况分析

经济工程（建筑）专业包含大学英语、经管应用数学、思想政治、政治经济学、微观经济学、宏观经济学、会计学、建筑力学、画法几何与建筑制图、金融学、财政学、房屋建筑学、工程造价等众多课程，不仅课程体系多而繁乱，而且难以成为一个系统，学生不容易掌握，也不利于培养学生的专业能力和综合素质。通过模块化改革，我们可以将上述众多的课程归结为若干个模块，如英语模块、数学模块、经济学基础模块、工程基础模块等，通过每一个模块的教学，培养学生的综合应用能力[4]，见表1所列。

表1 经济工程（建筑）专业模块化改革前后课程内容变化情况

模块化改革前		模块化改革后
大学英语Ⅰ、Ⅱ		大学英语模块　　思想政治模块
马克思主义基本原理概论		经管应用数学模块
毛泽东思想和中国特色社会主义理论体系概论		经济学基础Ⅰ（政治经济学）
		经济学基础Ⅱ（微观经济学、宏观经济学）
经管应用数学A、B、C		经济学基础Ⅲ（财政与金融）
政治经济学	基础会计	经济学模块Ⅰ（产业经济学）
公关与表达	微观经济学	经济学模块Ⅱ（建筑经济学）
宏观经济学	公司理财	方法运用能力Ⅰ（公关与表达）
画法几何与建筑制图		方法运用能力Ⅱ（统计学）
统计学	建筑力学	方法运用能力Ⅲ（计量经济学）
经济法	房地产建筑法	工程学基础Ⅰ（建筑力学）
管理学	投资学	工程学基础Ⅱ（画法几何与建筑制图）
能源技术	房屋建筑学	工程学基础Ⅲ（房屋建筑学）
建筑结构与选型		工程学模块Ⅰ（工程经济）
房地产经济学		工程学模块Ⅱ（工程造价）
财政学		工程学模块Ⅲ（建筑结构与选型）
金融学		财务会计模块Ⅰ（基础会计）
计量经济学		财务会计模块Ⅱ（公司理财）
产业经济学		财务会计模块Ⅲ（投资学）
城市规划		法学模块Ⅰ（经济法）
工程造价		法学模块Ⅱ（房地产建筑法）
房地产开发		房地产经济学Ⅰ（房地产经济学）
项目投资		房地产经济学Ⅱ（房地产开发）
安徽新兴产业投资热点		能源模块Ⅰ（能源技术）
市场营销		能源模块Ⅱ（能源战略与市场）
工程经济		管理学模块Ⅰ（管理学）
项目估价		管理学模块Ⅱ（市场营销）
工程规划		管理学模块Ⅲ（运筹学）
运筹学		经济项目Ⅰ（安徽新兴产业投资热点）
工程项目管理		经济项目Ⅱ（城市规划）
建筑节能		工程项目Ⅰ（工程规划）
能源战略与市场		工程项目Ⅱ（工程项目管理）
建筑经济学		综合项目（项目投资、建筑节能、项目估价）

2.2 中观模块图设计分析

模块根据其包含课程内容的多少可以分为宏观模块、中观模块和微观模块，其中中观模块在整个模块化课程体系中起到承前启后的作用，是模块化课程体系的核心部分，对模块化课程体系能否培养学生的专业能力具有决定性的影响。[5]因此，本文将专门分析中观模块图的构建与设计。经济工程（建筑）专业课程模块化改革后，我们将原来分散的课程归为不同的模块，由此可得出中观模块构成图，如图 4 所示。

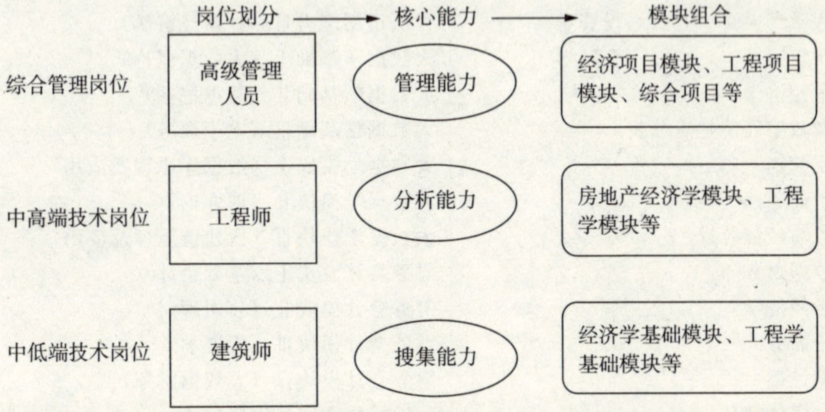

图 4　经济工程（建筑）专业中观模块构成图

3　经济工程（数字经济）专业模块化课程设计分析

3.1 课程内容体系变化情况分析

经济工程（数字经济）专业包含大学英语、经管应用数学、思想政治、政治经济学、微观经济学、宏观经济学、会计学、金融学、财政学、网络经济学、数字经济概论、数据挖掘、博弈论、经济建模、统计软件应用等众多课程。根据经济工程（建筑）专业同样的课程模块化构建方法，我们也可以将上述众多的课程归结为若干个模块，见表 2 所列。

表2　经济工程（数字经济）专业模块化改革前后课程内容变化情况

模块化改革前	模块化改革后
大学英语Ⅰ、Ⅱ	大学英语模块　思想政治模块
马克思主义基本原理概论	经管应用数学模块
毛泽东思想和中国特色社会主义理论体系概论	经济学基础Ⅰ（政治经济学）
经管应用数学 A、B、C	经济学基础Ⅱ（微观经济学、宏观经济学）
政治经济学　基础会计	经济学基础Ⅲ（财政与金融）
公关与表达　微观经济学	经济学模块Ⅰ（网络经济学）
宏观经济学　公司理财	经济学模块Ⅱ（数字经济概论）
统计学　知识产权法	方法运用能力Ⅰ（公关与表达）
管理学　投资学	方法运用能力Ⅱ（统计学）
财政学　金融学	方法运用能力Ⅲ（计量经济学）
计量经济学	大数据学基础Ⅰ（大数据概论）
安徽数字经济热点分析	大数据学基础Ⅱ（数据挖掘）
数字营销	大数据学基础Ⅲ（电子商务）
电子商务法	大数据学模块Ⅰ（数据库原理及应用）
商务与经济统计	大数据学模块Ⅱ（博弈论）
大数据财务	大数据学模块Ⅲ（区块链原理及应用）
网络经济学	财务会计模块Ⅰ（基础会计）
电子商务	财务会计模块Ⅱ（公司理财）
数据挖掘	财务会计模块Ⅲ（投资学）
数字媒体管理	财务会计模块Ⅳ（大数据财务）
数据化组织	法学模块Ⅰ（知识产权法）
统计软件应用	法学模块Ⅱ（电子商务法）
区块链原理及应用	大数据分析模块Ⅰ（Python 程序设计）
大数据概论	大数据分析模块Ⅱ（Python 大数据分析）
Python 程序设计	大数据应用模块Ⅰ（经济建模）
博弈论	大数据应用模块Ⅱ（商务与经济统计）
Python 大数据分析	管理学模块Ⅰ（管理学）
经济建模	管理学模块Ⅱ（数字营销）
数据库原理及应用	管理学模块Ⅲ（数字媒体管理）
数字经济概论	经济项目Ⅰ（统计软件应用）
社会经济调查实训	经济项目Ⅱ（区块链金融实训）
统计综合模拟实训	大数据项目Ⅰ（统计综合模拟实训）
“互联网＋”运营管理	大数据项目Ⅱ（“互联网＋”运营管理）
区块链金融实训	综合项目（安徽数字经济热点分析、数据化组织、社会经济调查实训）

3.2 中观模块图设计分析

根据经济工程（建筑）专业中观模块图构成方法，我们也可以构建出经济工程（数字经济）专业的中观模块图，如图 5 所示。

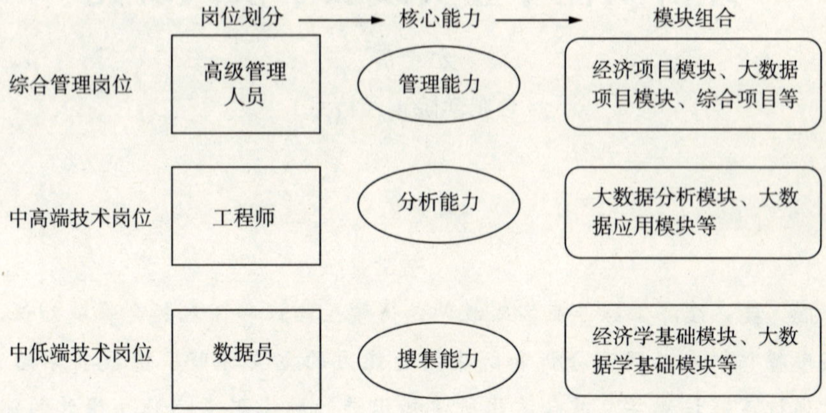

图 5　经济工程（数字经济）专业中观模块构成图

参考文献：

[1] 司武飞．我国应用型高校经济工程专业建设研究［J］．渭南师范学院学报，2016（18）：12.

[2] 刘建中．应用型本科高校课程模块化研究［J］．合肥学院学报（自然科学版），2011（11）：48－50.

[3] 蔡敬民．基于能力导向的模块化教学体系构建［M］．合肥：中国科学技术大学出版社，2012：52－55.

[4] 徐启圣等．应用型本科人才培养的理论力学课程模块化改革研究与实践［J］．合肥学院学报（综合版），2018（10）：123－124.

[5] 余国江．课程模块化：地方本科院校课程转型的路径探索［J］．中国高教研究，2014（11）：101－102.

经济工程专业实践教学模式研究

方　涛
（合肥学院　经济系）

摘　要： 经济工程专业实践教学是使学生验证和深入领会基础知识，掌握实际操作技能，提高分析和解决问题能力的重要环节。实践教学的目的在于通过实践培养学生综合运用所学知识进行独立思考、独立操作的能力，正确地掌握专业技能的技巧。德国的经济工程专业能够面向实际，突出能力培养。经济工程专业实践教学对于培养创新人才、提高学生实践能力有着重要作用，为了切实提高实践教学质量，必须构建相对完善的实践教学体系。

关键词： 经济工程专业实践教学；实际；实践教学体系

合肥学院经济工程方向起源于德国，培养思路在于将经济学与工程技术相结合，以解决国内工业制造业存在的工程技术人员不懂经济、经济专业人员不懂工程技术的现实困难。经济工程专业特别强调专业的实用性，强调校企合作，让学生在不同的实践项目中完成学业。经济工程专业对于经济学科的理论要求较为全面，涵盖了会计、物流、金融、审计等领域的知识与素养；也开设法律、机械制造、电子信息、建筑等领域作为经济工程专业人才培养的目标。新形势下加强经济工程专业学生的实践能力培养具有很重要的现实意义，因此，如何强化经济工程专业的实践教学，构建适合经济工程专业发展的实践教学体系，是我们急需进行深入研究的问题。

1 经济工程专业实践教学的重要性

经济工程专业以经济学为核心，通过整合利用学校所积累的校内外优势资源，紧密结合人才市场的需求，确定人才培养细分的“工程方向”，从而提高和放大经济学专业人才培养的动态性和柔性化，以实现高校人才培养与市场需求的“无缝对接”，该专业调整与地方经济发展的良性互动，使得“专业的变化更加与社会同步，专业也更加呈现出跨学科特点”。

经济工程专业实践教学是使学生验证和深入领会基础知识，掌握实际操作技能，提高分析和解决问题能力的重要环节。实践教学的目的在于通过实践培养学生综合运用所学知识进行独立思考、独立操作的能力，正确地掌握专业技能的技巧。实践教学还是培养和造就具有创新意识和创新能力高素质人才的重要途径。经济工程专业的特点是具有很强的工程性、技术性、实践性，因此经济工程专业若忽视实践教学，后果较其他专业更为严重。鉴于此，经济工程专业必须重视实践教学，实践教学与理论教学同等重要，树立实践是经济工程专业人才成功之本的教育理念。

2 德国在经济工程专业实践教学方面的成功经验

德国的经济工程专业能够面向实际，突出能力培养。例如，德国在经济工程本科教育阶段有比较充分的实践教学环节，而在这之后还必须接受实践技能训练的继续工程教育。德国提出了高等工科教育要“回归工程实践”的教育理念。德国的经济工程教育注重加强校企合作，能给学生提供广泛的实践训练条件。教师队伍建设注重实践经验和工程资格，如许多国家的大学都在加大兼职教师的比例，他们从企事业单位招聘既有专业技术特长又有余力的工程技术人员或是高级主管来校担任专业课程的教学工作。经济工程教育能够重新审视教育机构功能，构建实用的经济工程教育实践性教学体系。借鉴德国相关领域的发展经验，经济工程专业实践教学的主要发展方向是构建相对完善的实践教学新体系，在此基础上，建设好校内外的实习、实训基地，继续发展与企业的联系与合作，培养“双师型”的师资队伍，探讨将职业资格证书教育引入经济工程专业教育，建立多样化合作教育。

3 经济工程专业实践教学新体系的构建

经济工程专业实践教学对于培养创新人才、提高学生实践能力有着重要作用，为了切实提高实践教学质量，必须构建相对完善的实践教学体系。

3.1 经济工程专业实践教学体系的构建原则

构建经济工程专业实践教学体系必须贯彻整体性、有序性和效率性原则。其中，整体性原则要体现实践教学和理论教学相互关联、相互渗透的整体功能。有序性原则要把课堂内外不同层次的实践教学环节连接成一个层次分明的体系，保证实践教学培养目标的实现。效率性原则是指要避免实践教学内容重复，节约时间和经费。

3.2 经济工程专业实践教学体系的构建方案

经济工程专业实践教学体系就是由实践教学活动各个要素构成的有机联系整体。实践教学体系包括实践教学的要求、内容和方式等，是开展实践教学的依据，也是对学生进行实践能力培养的具体方案。完善实践教学体系要做到确立实践教学的目标和主要内容与科学技术的同步，实践教学培养方案具有前瞻性与系统性；更新实践教学内容与方案，确保与社会、企业紧密联系，教学环节安排循序渐进，科学合理，实践教学内容体现应用特色；确保有实践经验的教师队伍；积极构建实践教学平台，真正落实实践教学经费的投入。

经济工程专业实践教学内容的分析，将其划分为基本技能、专业技能、技术应用与创新能力训练三大模块，在实验、实习、科研、社会实践、劳动训练等环节，给学生创造各种独立的实践机会，使系统化教育与个性培养相结合，使知识、能力、素质融为一体。同时，将实践教学活动的各环节贯穿在学生学习的全过程中，每个实践环节都要有明确的实践教学要求和考核办法，形成循序渐进、层次分明的实践教学体系。并且，根据模块的要求确定实训课程，制定实训课程的教学大纲。在项目设计方面，注重进阶式考核和模块化教学的要求。在实践教学的内容和教学方法上，要求项目实训一定在接近职业活动的环境氛围中进行，体现高标准、严要求、强训练的特点，把对学生的职业技能的训练和职业素质的训导结合起来，提高学生的综合素质。在实践教学的考核上，强调要严格按照实训教学大纲和项目单中规定的考核标准进行，注重过程考核和综合能力测评，确保实训教学的质量。

4 经济工程专业实践教学体系的实施保障

第一，完善实践教学管理体系。科学的管理是提高实践教学质量的有力保证。加强实践教学管理，使实践教学体系能够顺利实施。为此，其一，建立健全实践教学的组织机构。完善岗位责任制，明确担任实践教学工作的各部门、各类人员的职责分工和管理规定，使决策层、管理层、执行层都有明确的分工和责任，并能够上下协调。其二，建立与完善制度保证机制，加强实践教学的过程管理，保证实践教学质量的不断提高。其三，建立实践教学的档案制度，建立健全教师和学生方面的有关实践教学的相关资料。

第二，开放实验室培养创新精神。实验室是学生从事各类实践和创新活动的场所。开放实验室是提高经济工程专业教学质量、培养创新人才、实现素质教育目标的客观要求，也是培养学生实践技能和培养创造型人才的有效途径。学生通过参加设计性、综合性实验和部分科研活动，得到较全面的培养和实践锻炼。对于提高实验教学质量，进一步加强素质教育，培养学生科学研究与实际动手能力，都起到十分重要的作用。

第三，加强实践教学师资队伍建设。经济工程专业实践教学要配备具有理论水平和工程实践的“双师型”教师。要通过外部引进和内部培养，逐步形成结构合理、人员稳定、懂学科理论与专业操作、实践能力强、教学效果好的教师队伍。考虑经济工程专业的性质，建设一支兼职的实践教学指导队伍。应在公司、企业聘任具有实际工作经验、理论基础好的技术人员作为兼职教师，主要承担实习、毕业设计等实践性教学工作。同时，要求专业理论教师限期通过相关专业的职业资格考试，鼓励教师进入企业与科研机构进行一段时间的工作或再实践学习，对提升教师的综合工程素养是非常有必要的。

第四，加强校内外实践基地的建设。实践基地是开展实践教学的场所，包括校内与校外实践基地两类。实践基地建设的好坏，直接影响到实践教学的质量和水平。建设实践教学基地，一是要建立校内实践教学基地；二是要根据经济工程专业特点和社会服务网络建立校外实践教学基地，把企事业单位作为培养人才的基地；三是高校资源共享，通过签订协议共享相关院校的实验、实训中心等。

第五，建立教学评价、质量监控体系。完善的教学评价、质量监控体系是保证人才培养质量的必要条件，其内容包括建设实践教学条件、实践教学过程、实践教学效果评价、教学质量监控体系等。高校应充分发挥教学、课程建设、教材建设及专家督导等委员会的作用，加强对整个教学工作的宏观指导和监控。通过建立实践教学评价体系，引导和促进实践教学改革，加强实践教学宏观调控。

参考文献：

[1] 宋玉军．经济工程专业本土化的构想与实践——基于合肥学院中德合办专业的经验及启示 [J]. 应用型高等教育研究，2017 (3)．

[2] 司武飞．我国应用型高校经济工程专业建设研究 [J]. 渭南师范学院学报，2016 (18)．

[3] 伍泽广，张琳，蒋利平，黄朋．化工类专业实践教学安全隐患及其防范对策 [J]. 当代教育理论与实践，2010 (1)．

[4] 张永霞．关于高职轻化工类专业实践教学的思考 [J]. 职业技术，2010 (4)．

[5] 韩漠，其乐木格．内蒙古地区高职化工类专业人才培养模式的探讨 [J]. 新疆职业教育研究，2010 (2)．

面向经济工程专业的企业管理课程设计与教学实施

杨承刚

（合肥学院　经济系）

摘　要： 基于和提高经济工程专业企业管理教学效果的目的，根据本课程综合性和应用性强等特点，提出了该课程教学中存在的问题，认为针对该专业的特点对企业管理教学内容要进行重新组合，在教学实施中要注重课前准备和教学方法的多元化和创新。

关键词： 经济工程；企业管理；课程设计

企业是市场经济活动的主要参与者，企业经营的成败极大地影响着经济的发展水平和活跃程度。也正因为如此企业经营管理受到社会的广泛关注，企业管理经营人才的培养也成为高等教育的重要任务之一。随着社会主义市场经济的发展，企业迫切需要大量具有创造性、实用性、竞争性、开拓性的综合应用型人才，这就要求大学生必须拓宽专业方向，成为既有专业知识又有经济头脑、既懂技术又懂经营和管理知识的复合型人才；同时绝大多数学生在自己未来的职业生涯中都会走向管理岗位，在自身的技术工作中也会遇到许多管理、成本、质量、市场、效益等方面的问题。企业管理作为一门全面综合性、系统分析性、操作实践性都极强的横跨经、管、文、理、工等多门学科的基础性课程，在实现上述人才培养目标中担负着十分重要的职责。本文将对经济工程专业的企业管理课程特点进行分析，在此基础上提出该课

作者简介： 杨承刚，男，安徽合肥人，合肥学院经济系讲师，研究方向：区域经济。

程教学的主要内容和对应的教学方法，以期为该专业的企业管理教学实践提供参考和借鉴。

1 经济工程专业的企业管理课程特点

经济工程专业是以“经济学+”为设立基础，通过整合利用学校所积累的校内外优势资源，紧密贴合区域性产业发展和人才市场的需求，确定人才培养细分的“工程方向”，细分后“工程方向”提高和放大经济学专业方向调整和人才培养的动态性和柔性化，以实现高校人才培养与市场需求的“无缝对接”，专业调整与地方经济发展的良性互动，使得专业的变化更加与社会同步，专业也更加呈现出跨学科特点。因此，该专业的企业管理课程的特点主要体现在以下几个方面：

1.1 综合性强

现实生活中企业管理是一项复杂的工作管理过程，既包括人、物，也包括信息、技术等资源；涉及企业组织运行的方方面面，其理论学科既与社会科学有关，也与自然科学有关，理论体系涉及多门学科和专业，是典型的综合型和交叉型学科。从国内不同版本的教材来看，内容涵盖了管理学、经济学、统计学、政治学、人口学、社会学和心理学的理论知识，是一门综合性较强的课程。

1.2 先修要求较高

尽管企业管理课程内容涉及的理论深度有限，但由于该课程内容涉及面广，跨领域、跨学科的知识点多，加上其在经济工程专业中课时较少，安排32个课时左右，要在有限的课堂教学时间内完成教学任务，不可能详细展开每个职能管理的内容，因此企业管理课程对课程学习者的知识基础和知识准备有一定的要求。

一方面，企业管理属于典型的管理类课程，课程学习者需要掌握一定的管理学原理和基本管理方法、工具，才能较为顺畅地接受和理解课程的相关内容。另一方面，企业管理课程中包括许多专业性的内容，如财务会计、生产运营、物流管理、现场管理、市场营销、人力资源管理等，课程学习者需要具备一定的相关领域的知识储备才有利于课程教学过程中的讨论、互动与学习。

1.3 应用性较强

企业管理课程内容安排以企业生产经营管理实操为基础，是通过系统化和专业化梳理组织后形成的知识体系，因而表现出较强的实践性和应用性。如前面所述企业管理课程并没有就所涉及的理论问题做深入阐释，对相关理论、渊源和发展脉络的分析也是点到为止，不构成该课程的重点内容，该课程更多的是对理论的管理实践意义进行说明，主要介绍在特定理念下的管理原则、手段、工具和方法的应用。

2 经济工程专业企业管理课程教学中的问题

经济工程专业是经济专业知识与多方向工程知识有机组合而成的一个复合型新专业，是多学科支撑专业发展和经济类专业进一步细分的体现，是对现代社会发展复杂性、市场发展多变性和创新要求跨越性的积极回应。由于在该专业开设企业管理课程存在跨学科和跨专业的特点，该专业的企业管理课程教学实施中还存在一些问题，主要表现为以下几个方面：

2.1 实践教学基础薄弱

企业管理是一门实践和应用性较强的课程，这需要在教学过程和控制环节上给予体现。经济工程专业企业管理课程教学中的实践基础较薄弱，主要体现为教学过程中缺乏学生实践环节和模拟操作，由于课程性质和总课时量（32个课时）限制，该专业企业管理课程教学中很少安排学生进行沙盘演练、计算模拟操作和企业实地参观座谈，没能充分发挥实践教学在课程中的作用。

2.2 课程体系与教学课时的矛盾

近些年，企业经营环境逐渐复杂，经营内容逐步多样化，战略管理、企业文化、流程再造、项目管理等新型管理思想不断推陈出新，内容体系不断充实。以中国人民大学出版社的《企业管理——理论与案例》为例，2015 年更新了第一版的资料，新增了企业信息管理、企业创业管理、企业项目管理等内容，教材篇幅达 46 万字，从原有的 14 章增加到 17 章。而经济工程专业是经济专业知识与多方向工程知识有机组合而成的一个复合型新专业，企业管理作为该专业必修课在整个专业课程体系中所占的课时较少，仅为 32 个课时，在如此有限的课时内，要将整个企业系统构成、管理理论与方法介绍清楚，并兼顾课程体系的完整性与教学内容的深度是具有很大难度的。

2.3　学生准备不充分

由于学科和专业领域的差异，经济工程专业学生较缺乏企业管理课程学习所要求的知识准备，学生对于经济类知识不熟悉会对课程学习造成一定程度的影响；另一方面学生各自性格、爱好、专长不同等导致其学习企业管理课程的基础不一样，现代学生大多为“95 后”，自我意识较强，差异性较大，这要求教师能够在考虑这些差异的前提下进行差异化、针对性强的教学。

3　经济工程专业企业管理课程内容分析与重新构造

通常情况下，经济类专业企业管理课程内容大致可以分为两大部分：一是以管理学基础为主的内容；二是企业内各个职能的管理。由于各职能管理的知识体系和内容差异较大，很难将这些内容完全整合到一个具有密切逻辑关联的架构中去。各职能管理包括战略管理、人力资源管理、市场营销、生产与运营、研发管理、财务管理、现场管理、物流管理、作业管理、质量管理等。在有限的课时内很难做到面面俱到，也很难在课堂教学中将这些内容详细展开。

根据经济工程专业企业管理课程性质和教学目标，可以将上述内容按照其关联性进行适当整合，重新构造并形成三个模块：一是将管理学为基础的内容与战略管理、人力资源管理、研发与创新管理进行整合形成管理基础与决策模块；二是将生产与运营、现场管理、物流管理、作业管理、质量管理整合为企业运营与业务管理模块；三是将市场营销和财务管理整合为企业专业管理模块。对每个模块的教学内容进行梳理，分别确定主要内容、知识点、能力点、教学方式、实践项目、评价方式和支持性资源。

4 经济工程专业企业管理课程教学实施

经济工程专业企业管理课程教学根据教学进程组织实施。实施过程中要注意以下两个问题：

一是课前准备。由于企业管理课程信息量大、内容多，要在有限的课时内完成教学任务必须做好充分的课前准备。确定教学内容后要分析知识和理论体系的内在关系，按照一定的逻辑主线决定课堂内容顺序，根据学生经济管理类知识预备情况指定相应的文献和材料，以供学生阅读，提高学生的课程知识储备。

二是要改变单一的教学方法，尝试多种教学方式。如课堂教学中常用的焦点问题讨论可以促使学生对某一问题进行深入和发散性的思考；另外案例分析、情景模拟和社会实践等方法的综合运用有助于学生掌握课程内容，培育和提高相关实践操作技能。

参考文献：

[1] 王艳双．案例分析法在企业管理课程教学中的应用［J］．电大理工，2018（3）．

[2] 司武飞．我国应用型高校经济工程专业建设研究［J］．渭南师范学院学报，2016（9）．

[3] 郭捷．企业管理课程教学中项目教学模式的有效应用分析［J］．科技创业导报，2016（11）．

[4] 吴艳丽．非工商管理类专业本科生企业管理课程考试改革探讨［J］．湖北经济学院学报，2014（5）．

应用型高校经济工程专业实验平台的构建研究

沈韵竹
（合肥学院　经济系）

摘　要： 设立并建设经济工程专业顺应了以人才培养为核心，以应用型教育为基础，注重实践的应用型教育改革趋势。经济工程专业实验平台是经济工程专业实现实验教学的基础平台。经济工程专业实验平台需要结合课程模块化改革，注重开放性实验，以虚实结合的实验平台设计理念，体现经济工程专业的组合性、灵活性以及协同性优势。

关键词： 经济工程；开放性实验；实验教学改革

2018 年 6 月，根据习近平总书记在北大师生座谈会上的重要讲话精神，教育部部长陈宝生提出要把本科教育放在人才培养的核心地位、教育教学的基础地位、新时代教育发展的前沿地位，加快建设高水平本科教育，全面提高人才培养能力。[1] 自 2015 年起，逐步开展的本科应用型教育改革，证明了以人才培养为中心，以应用型教育为基础，注重实践的改革路径具有可操作性，并且达到了丰富人才层次的预期效果。为探究进一步深化应用型教育改革的方式，本文顺应当前迫切的教育改革趋势，结合实际，提出经济工程实验平台构建的思考，以期达到提高实验教学质量、培养综合型创新人才的目的。

作者简介： 沈韵竹（1990—），女，安徽合肥人，合肥学院经济系实验师，硕士，研究方向：城市经济、实验教学。

1 经济工程专业实验的内容及特点

经济工程专业在中国高校中不是普设的专业，但是在德国的高等教育体系中已长期存在并且获得了较大的成功。经济工程是一个跨领域综合型的专业，经济工程专业的学生需要同时掌握电子、建筑或者生物等工程类及经济管理方面的知识，因此对于知识的综合性要求高。在德国，经济工程专业大多开设在应用型大学中，更强调学生的实践能力的培养，因此对于实验的开放性要求更高。

合肥学院经济工程专业是首个由教育部批准招生的目录外专业。按照内容划分，经济工程专业要求学生在本科阶段完成的实验有理工类实验与经管类实验；按照开放程度划分，有按照流程操作的封闭性实验及培养创造能力、创新意识的开放性实验两种。

我国高校大多都在不同院系内分别开设理工类实验与经管类实验，通常仅面向本专业学生。理工科实验创新方向和格局受制于社科知识的匮乏，社科类实验空对空，无法了解实际研发生产过程，学生的创新能力局限于本学科本专业。

经济工程专业因为其学科结合的特殊性，能够让理工科实验与经管类实验组合起来。在实验教学中，为了体现专业之间的组合性，充分培养学生的动手能力，通过多学科领域的实验达到体现学科交叉优势的目的。

2 经济工程实验平台构建的相关问题分析

经济工程实验平台构建目前突出存在的矛盾如下：学科的交叉性与具体实验课程内容的专业性之间的矛盾，实验过程开放与实验表现量化管理之间的矛盾，实验室协同需求增加与现有实验教学资源紧张之间的矛盾。

2.1 传统的学科体系限制组合性优势

经济工程专业目前没有确切定义，一般认为是跨工程学与经济学的交叉专业，经济学和工程学在经济工程专业置于同等重要的位置。[2]经济工程的实验平台构建要能够充分体现这一交叉专业组合性特色，应当同时能够承担理工类实验与经管类实验开课要求，并且相对于其他非交叉学科而言，更注重两类实验课程之间的联系。而传统依据学科体系进行安排的专业课程则做不到，其原因是不同专业的实验课程存在对于各自知识体系专业化深度的独立要求，通常要求学生在具备一定程度的某种理工类或者经管类基础知识之后，再通过实验进行巩固练习或创新设计。而这个程度的把握，由于各自封闭的学科体系，无法统一。传统的学科体系阻碍经济工程专业实验发挥其组合性优势。

2.2 现有的授课方式导致灵活性不够

开放性实验教学是指学生成为实验教学主体，学生自行制订实验方案、实验思路及实验过程，教师主要是辅助与指导者。[3]开放性实验的基础是学生的学习资源和学习内容不受制约，学生能够自主安排实验过程。传统实验课堂大多数是演示性、规范性的实验操作，要求学生按照流程操作。这样的好处是教师可以精准把控课堂进度，及时得到教学反馈，能够较好地对实验结果进行把控。然而这种方式太过被动，学生会在按流程操作中失去创新意识。对于强调培养应用型人才的经济工程专业，实验设计应当保留相当部分的开放性，以引导学生发挥其创造力解决问题。比如以开放性实验（workshop等）方式进行实验，由教师带队、组织课题，学生通过实际操作完成课题报告。但是课题报告的形成往往需要一个月甚至更长时间，教师给出课题之后直到最终收到课题报告之前，无法有效地把握学生实验进度、获得学习反馈，学生的实验过程表现无法有效被量化管理，师生之间的沟通渠道也不畅。现有的实验授课方式导致课程灵活性不够。

2.3 已有实验室建设满足不了协同性需求

经济工程专业与传统专业不同，对于工程类和经济类专业知识有同等要求，需要学校内部的院际合作，甚至校际合作。然而现实是大部分基础性实验室，特别是承担基础性教学任务的理工类实验室，都是大循环模式，实验室资源有限，基本是标准化的实验课程。经济工程专业作为一个跨学科专业，实验中要能够体现学科交叉的特点。针对某个传统专业的标准化实验课程满足不了经济工程专业的实验教学需要，单独设计某个实验又对于实验教师及实验室资源有较高的要求。

3 经济工程实验平台创新构建的建议

3.1 深化模块化课程改革，充分发挥专业组合性优势

德国的应用型高校采取模块化教学方式，解决学科体系束缚专业内容组合优势的方式是可以借鉴的。经济工程专业实验平台在课程模块化思维下能够更好地发挥组合性专业优势。合肥学院的课程模块化改革已经深入推进了数年，并且获得了教育改革部门的肯定。

深化高校课程的模块化改革并不是简单地打破学科体系边界，要求学生掌握交叉学科的专业课程内容。模块化改革要求教师在模块设计中，将不同学科的知识点有侧重地串联在一起。例如，经济实验中以生产线为基础讲解企业经济学的内容时，就需要实验教师将制造业生产的一般程序，以及生产步骤中的前后承接关系讲解给学生听；发酵实验中的用料成本需要运用经济学知识进行核算，找到损益平衡点，从而确定售价。这对于教师的跨学科综合能力要求很高，但是，模块化的课程可以让经济工程在工程类实验专业课的配置上，贴合热点，根据学校办学条件及特色，适应学生能力培养需要和社会人才需求。可以说，经济工程的实验课程需要建立在专业组合的基础之上，更要建立在模块化课程改革向纵深推进的基础之上。

3.2 结合翻转课堂思想，应用于灵活的开放实验室

在经济工程实验平台中引入开放性实验能够体现经济工程注重应用型人才培养的专业特色。通过学生参加开放性实验的方式，将实验的自主权交给学生。例如针对高年级学生开展的建工类实验项目，通过学生实地探访、测量和研究，以小组为单位提交实验报告。实验项目进行期间有指导教授也有项目助理参与，形式更加灵活。

经济工程专业实验平台的开放实验室应当更多运用翻转课堂思想。合肥学院通过引进超星学习通平台，帮助授课老师线上加线下辅导，定期验收，

期末汇总。以翻转课堂思想组织和管理开放实验，既能够保证实验过程的开放性，又可以把握实验过程，增加可控性。

3.3 建立虚拟实验室，促进专业实验协同设置

由于实验场地和师资力量等限制，经济工程实验平台的协同性要求很难达到。但是，通过建立虚拟实验室，可以弥补真实实验室的不足，保证教学资源的开放性、共享性和先进性，激发学生的创新意识，增加实验项目的可拓展性。这在一定程度上能够解决实验开出规模偏小、数量偏低等问题。

4 结语

经济工程实验平台的建设，应当贯彻先进的实验教学理念，在模块化课程改革深入推进的基础上，注重实验内容与行业热点之间的关系，在提升平台教学能力的同时，兼顾对于教师在交叉学科上科研能力的培养。经济工程实验平台要能够体现高校实验平台建设的最新动向，突出人才培养的重要性，尽可能地激发学生的创新潜能。同时，开放协同、虚实结合的经济工程实验平台能够促进教师的科研、教研能力提升，为提高经济工程专业在我国的适应性提供人才储备和项目经验。

参考文献：

[1] 教育部．坚持以本为本 推进四个回归 建设中国特色、世界水平的一流本科教育［EB/OL］.［2018－06－21］. http：//www. moe. gov. cn/jyb _ xwfb/gzdt _ gzdt/moe _ 1485/201806/t20180621 _ 340586. html.

[2] 陈江华，刘鑫，贾佳．中德合作经济工程专业本土化及其表现［J］. 应用型高等教育研究，2017，2（2）：25－29.

[3] 赖迪辉，谢文修．教学效率损失背景下的经济类课程开放实验教学模式探讨［J］. 天津城建大学学报，2017（5）：384－388.

四、德国经济工程专业内涵与发展

德国高校经济工程专业的特点及借鉴意义

徐　刚
（合肥学院　经济系）

摘　要：在德国，一种跨学科领域的专业——经济工程专业在各类高校中被广为开设，该专业已培养出大量高素质复合型应用型人才，为德国的社会经济发展做出了很大贡献。对其专业属性进行分析、了解其人才培养的主要特点以及模块化的教学组织等方面，进而借鉴其成功经验，可对推动我国高等教育改革和发展起到积极的作用。

关键词：德国高校；经济工程专业；人才培养；模块化教学组织

1　德国经济工程专业的特点

1.1　“经济工程”专业的产生及学科归属

为适应社会经济发展的需要，在德国高校（包括综合性大学[①]和应用科学大学[②]）中，较为普遍地开设“经济工程”专业，这个专业涉及的是跨学科领域的学习（Interdiszipinäres Studium），由经济学（Wirtschaftswissenschaft）

---

① 综合性大学，德语为Universität，是一种多学科、专业齐全、特别强调系统理论知识，教学科研并重的高等学校。设有工科、理科、人文科学、法学、经济学、社会学、神学、医学、农业科学及林业科学等学科。类似的大学还有工业大学（Technische Universität，TU）、师范大学（Pädagogische Universität/Hochshule）以及体育大学、行政管理和国防大学等，开设学士、硕士专业，也培养博士研究生并有博士学位授予权。

② 应用科学大学，德语为Fachhochshul（简称FH），英语为University of Applied Science，此类大学大部分历史较短，所设专业较少，但特色极为突出。一般设有工程、技术、农林、经济、金融、工商管理、设计、护理等专业。一般不设文科类专业。其课程设置和内容除必要的基础理论，多偏重于应用，专业分类较细，教学安排紧凑。开设学士、硕士专业，不能单独培养博士研究生，没有博士学位授予权。

和工程学（Ingenieurwesen）两大部分组成，同时又与自然科学、法学等有着联系，该专业学生毕业后便可成为“经济工程师”（Wirtschaftsingenieur）。

德国高校的“经济工程”专业的学科归属就是“经济工程学”，对应的德语单词是“Wirtschaftsingenieurwesen”，简称“WiIng.”。因此，经济工程学追根究底是经济学（企业经济学）和工程学相结合的交叉学科。

1.2 “经济工程”专业的学制

根据博伦尼亚进程①，目前已建成欧洲高等教育区，实现了高等教育一体化，一体化内容中就包括学位制度统一，作为签约国之一的德国，所有高校现基本已用“BA/MA”学位制度②取代了“Dipl.”学位制度③（但有些高校仍保留少数专业采用这种单一学位制度）。

现在，德国高校一般都是按照这种“BA/MA”学位制度以10个学期作为规定学习时长④开设“经济工程”专业，据此，“经济工程”专业的教学进程大体见表1所列，不同学校因专业而异。

表1 “经济工程”专业的教学进程表

学期	入学前	第一至第五学期	第六学期	第七、第八学期	第九学期	第十学期
教学安排	预实习	本科阶段学习	实习及学士论文	硕士阶段专业学习	实习/研讨	硕士论文

① 博洛尼亚进程（Bologna Process），是29个欧洲国家于1999年在意大利博洛尼亚提出的欧洲高等教育改革计划，该计划的目标是整合欧盟的高教资源，打通教育体制。根据“博洛尼亚进程”协议，到2010年，欧洲“博洛尼亚进程”签约国中的任何一个国家的大学毕业生的毕业证书和成绩，都将获得其他签约国家的承认，大学毕业生可以毫无障碍地在其他欧洲国家申请学习硕士阶段的课程或者寻找就业机会，实现欧洲高教和科技一体化，建成欧洲高等教育区，为欧洲一体化进程做出贡献。

② BA/MA是Bachelor/Master的缩写，按照博伦尼亚协议的要求，所有参与国的高校统一采用学士Bachelor、硕士Master分级学位体制，规定学习时间为10个学期。一般学士学习阶段为6个学期，硕士学习阶段为4个学期。

③ Dipl. 是Diplom的缩写，这是德国高校传统的单一学位体制下的硕士学位，根据所学专业的不同，可在后面表明不同学科的硕士，如Dipl.-Ing.（工程学硕士）、Dipl.-Kfm.（商学硕士）等。

④ 规定学习时长，德语为Regelstudienzeit，是指安排全部教学任务的基本时间。在学分制条件下，学生根据自身情况，完成学业的时间并不完全与此一致。

1.3 “经济工程”专业的课程设置

“经济工程”专业在德国高校中一般也是本硕连读，不过本硕两个阶段的人才培养方案在课程设置上还是存在很大差异的：本科阶段，在课程选择上学生有很大的自主权，能够根据自己的兴趣爱好来选择相应的课程，并制订最适合自己的自主学习计划，另一方面学校也会尽可能提供完备的课程资源供学生选择；而在硕士阶段，一般由学校提前确定，自主选课的机会相对较少，完成本科阶段的学生可根据自己的兴趣和对未来职业发展方向的规划，自主选择专业方向开展硕士阶段学习。

“经济工程”专业人才培养方案中所安排的必修专业课大致有（因院校而异）：

1.3.1 经济学

作为“经济工程”专业两大基本支柱之一的经济学，重点是向学生传授企业经济学（Betriebswirtschaftslehre）的基础知识和方法，主要包括企业管理基础、投融资、会计学、财务分析、物流管理、市场营销、成本收益核算、项目管理、人力资源管理、企业生产与组织管理等；很多高校也开设国民经济学（Volkswirtschaftslehre），主要包括经济学基础（宏/微观）、货币与信贷、公共财政学、国际经济关系、环境经济学等；在硕士阶段则主要是带案例分析的有方向性的深化学习。

1.3.2 工程学

作为“经济工程”专业另一基本支柱的工程学，最为常见的是机械制造、电子技术和建筑学，后又拓展了一些其他学科，如物流工程、交通工程、工程化学、生物技术等，在本科阶段一般是传授基础知识，硕士阶段则是深化的方向性研究学习。

1.3.3 数学及自然科学

在基础阶段，作为工程学的补充，数学和物理学是必不可少的，根据专业方向的不同往往还要开设化学、生物学、信息学等。

1.3.4 其他

一般有法学（如民法、公共法、劳动法、税法、商法等）、关键能力（沟通与交际能力、团队合作能力）培养和外语（如英语、法语等）等。

1.4　对学生学习及研究能力的要求

由于这个专业具有跨学科的特点，所以它对学生的要求是很高的。经济学和工程学的衔接要求学生能够在不同的领域内快速而高效地找到方向，或者能发现不同的领域间的关系，因此要求学生要有超出一般人的投入精神和进取心。内容广泛的学习要求学生思想灵活和具备系统分析的思维能力，另外，个人素质如交际能力和团队精神也很重要，这一点是基于学生将来要在跨学科的项目组里进行合作来考虑的。

正因为如此，在德国，“经济工程”专业的毕业生较为抢手，深受企业的青睐。其就业薪资往往高于其他经济学专业毕业生。究其原因，主要是经济工程专业毕业生不仅拥有较强的工科背景，掌握某个工程领域的理论知识和技能，同时还具备经济学方面的必备知识。因此较之于纯经济学或纯工科背景的毕业生来说，该专业学生拥有更大的优势和更广阔的就业面，能够更好地适应不断变化的社会经济发展的需要。由于广泛的知识面，经济工程专业毕业生在很多领域均能顺利找到工作，特别在商业和技术领域的结合处如市场营销、物流、控制和咨询等均有其身影。

1.5　“经济工程”专业的教学方法

在德国高校，遵从洪堡所倡导的“学术自由”原则。一方面，教授享有教学和科研的自由；另一方面，学生也享有学习的自由，根据考试规章的要求自主安排自己的学业，选课、出勤全凭自愿，考试也是自愿报名参加，在学校的学习时长也没有强制性规定。

德国高校所采用的教学方法也是丰富多彩的，“经济工程”专业也完全适用。

1.5.1　授课

即讲座课或大课，这是在德国高校中最传统的教学形式：由教授在台上授课教学，重点介绍概念、学术发展等理论知识。一般教授通常在阶梯教室授课，听课的学生人数较多，通常可达一两百人，在综合性大学里的基础课甚至有上千人去听。根据教授的个人风格，有的教授喜欢照本宣科，和学生鲜有互动；而有的教授则喜欢与学生互动，在课堂上会有较多提问或讨论，或组织学生进行课前演讲（这会在期末成绩中加分）；还有的教授会在学期中间邀请专业领域的专家作报告。这种形式的教学总量约占整个教学计划的50%～60%（有些学校达70%）。

1.5.2　练习课

练习是为理解上课内容而做的必要补充。德国大学（综合性大学）的教授一般科研工作繁重，所以练习课一般由助教或成绩优秀的高年级学生来上。教授在授课后，会通过网络上传相关的练习，这些练习的讲解和答疑就安排在练习课上进行，由助教们给学生演示解题过程和结果，在考试前，助教们还会在练习课上讲解往年的考试题。这种形式的练习课很受学生们的欢迎，因为由助教或高年级学生所做的讲解更加通俗易懂，特别是在应试方面较为“实用”。

1.5.3　实验室实践

为了使理论与实践之间的差距尽可能缩小，在德国高校里都开设实验室实践教学课。这是更注重实践操作能力培养的课，学生通过观察和实验，运用所学的知识、技能解决问题，最终提交报告。一般在综合性大学里，在基础阶段到高年级阶段所开设的实验课占全部教学比重的5%到10%不等，而在应用科学大学里，这一比重可达20%。实验室实践一般由若干个实验组成（在一个学期里一般有4～8个实验），学生以2～4人的小组伴随着理论学习的进度合作完成，像物理实验就属于这种教学方式。另外，计算及计算机编程实验也是“经济工程”专业中的重点教学内容。

1.5.4　研讨课

这是一种引导学生自主研究学习，再通过讨论交流形式对知识加深理解和巩固的研讨课，一般人数较少，约15～20人，所以需要提前报名。研讨课的形式不尽相同，一般以2～3人为一个小组，获得一个论题，学生在假期时通过自己阅读文献查找资料，完成一篇小论文，并在开学后与本组成员讨论、总结，最后共同完成一次汇报演讲，台下的老师和同学也会对报告提问或讨论，演讲者需要做出解答。在这种研讨课上，所提出的问题往往没有所谓的标准答案，其目的在于培养学生自主学习和分析问题的能力，并为学业结束前撰写毕业论文奠定一定的基础，学生的成绩与参与程度、文字报告和最后演讲是挂钩的。

1.5.5 项目学习

与练习课或实验室实践课相结合，要求学生以团队形式完成一个特定任务，如经济类课程里的案例教学，以培养学生团队合作、跨学科思考等关键能力。这种形式可以是伴随理论课教学开设，也可以单独开设。

1.5.6 学术游览

学校定期组织学生去一个公共机构或公司考察、参观并游览，从时间安排来说，最短为一天，最长可达两周左右。这种以学习的名义进行一次高质量的出行，是最受学生欢迎、最寓教于乐的教学方式。

1.5.7 工厂实践

学生在整个学习阶段必须去企业完成实习任务，有一些学校甚至要求学生在入学之前先完成学业预实习，并将其作为录取的条件之一。通常在基础学习阶段学生要完成工程实习，在高年级阶段完成经济/管理实习。这是开题做毕业论文的必要条件。

1.5.8 课程/毕业论文

作为未来的经济工程师，学生在学习阶段必须完成1～2个课程论文和1个毕业论文。课程论文的主题可以围绕在学习过程中涉及的特定项目；毕业论文的主题，在综合性大学里，一般是教授研究课题里的子课题，而在应用科学大学里，90%以上都是为解决学校之外的企业里真实的问题。

1.5.9 学术研讨会

一般在攻读博士期间（有时也会在撰写硕士论文期间），由系、部组织专业性较强的学术研讨会，在教授的主持下，由博士研究生（一般为教授的助教）或硕士研究生结合自己的论文，介绍研究成果，大家共同交流和探讨。

1.6 教学组织的模块化

根据博伦尼亚协议，实现高等教育一体化还包括教学组织模块化。在高校里的教学实行模块化意味着教学结构的新组织，在此过程中，像授课、练习、实习、学术考察及研讨会等教学活动将被按照特定主题归纳成为独立的单元，即模块。在进行模块构成时需要考虑的一个重要问题是，要使学生经过该模块的学习就能够获取部分技能。这样，就必须把传统的“哪些内容我要讲授”（以知识输入为导向）的教学观念改变为“哪些能力应该是经过教学后学生要获取的”（以知识输出为导向）。同时，模块化要求人们改变思维方式，要适应从“专业课程”到有功能性的单元“模块”的转化，并随之带来教学内容的新构造。模块的传授者应将模块的能力目标加以限定。

一个模块化的教学结构可以按等级制含有宏观、中观和微观模块。其中，宏观模块描述的是一个完整专业，比如一个学士或硕士专业；中观模块则为在一个专业中的学习重点及教学计划；而微观模块描述的是每一块基石的具体内容，并以其能带来的部分技能满足中观和宏观模块所致力达到的总体综合能力的需要。

现以某一专业为例对此加以说明，该专业可通过一个公共基础学习和五个专业化发展方向（重点）来描述。在这一专业里模块可以按照下列类别进行划分：

公共必修模块：这种模块作为所谓的“基础学习”构成学习的出发点。通过这些模块向学生传授本专业必备的基础知识。

某一重点专业方向的必修模块：通过这些模块向学生传授本重点必备的内容。所有决定选择本重点专业方向的学生，必须完成本模块的学习。

某一重点专业方向的选修模块：这些模块提供了与重点专业方向相对应的附加的多样性内容，它为学生在所选重点专业方向的基础上进行个性化发展提供了多种可能。

跨重点的选修模块：它们不属于某一特定专业重点，可以被称为跨重点选修模块，主要用于拓宽学生的知识及能力素养。

如图1所示描述的是一个模块化专业学习内容的基本构成。

2 德国高校经济工程专业人才培养方案示例

在德国，各高校所开设的“经济工程”专业，均能体现自身的学科和专业特点，往往也针对地方社会经济发展对人才的需求开展教学。如表2所列的是德国巴登符腾堡州的卡尔斯鲁厄应用科学大学（Fachhochschule Karlsruhe）“经济工程”专业的人才培养方案所确定的教学计划。

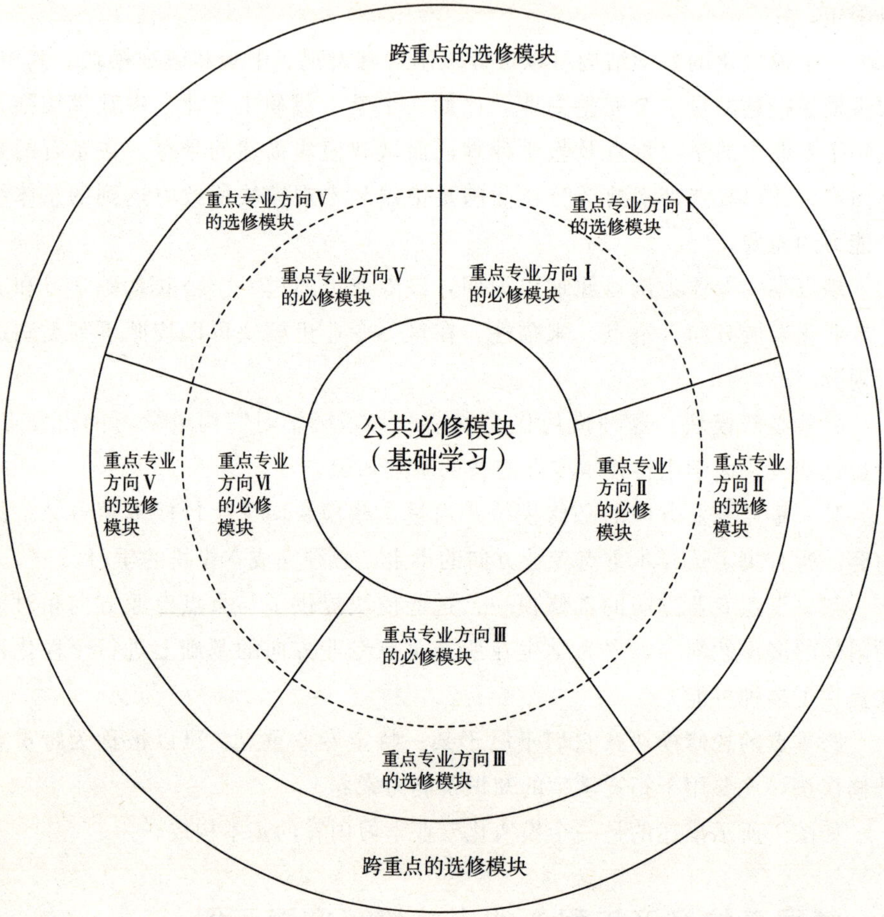

图1　某专业的模块化教学内容构成示意图

表 2　卡尔斯鲁厄应用科学大学“经济工程”专业教学计划表

第十学期	硕士论文（4 个月）						高级阶段学习
第九学期	实习（20 周）。实习领域：生产准备及物料经济，物流及数据加工，组织及会计管理。包括项目前期准备和最后整理 4 SWS①						
第七、第八学期	必修课		选修课 1，14 SWS		选修课 2，8 SWS		
		授课/练习/考试 SWS		授课/练习/考试 SWS		授课/练习/考试 SWS	
	数据库*	4	劳动法	2	往复/流体发动机	4	
	全球商务战略	4	经济学专题	2	生产过程技术*	4	
	成本管理	4	对外经济学	4	计算机辅助加工	4	
	实证研究 I	4	综合标准化软件	4	工程通讯系统	4	
	人事经济学	2	国际市场学	4			
	质量管理	4	物流沙盘	3			
	外语 I，II	8	市场学沙盘	3			
	系统理论	4	实证研究 II	2			
	企业战略	4	项目	4			
	经济伦理学	4	软件实验*				
	合计	42	合计	14	合计	8	
	第 7、8 学期合计 64　SWS 硕士学习阶段合计 68　SWS						

① SWS：德语全称为 Semesterwochenstunde，即学期周学时，是指德国高校中用以衡量一个教学活动（如授课、练习、考试）在一个学期里安排的周学时，一般德国高校每学期安排教学任务的时间为 16 周，考试 2～4 周。

（续表）

学期							阶段
第六学期	学士论文						高级阶段学习
	附加考试		4门必修课		附加课（不记成绩）		
		授课/练习/考试 SWS		授课/练习/考试 SWS		授课/练习/考试 SWS	
	学士论文		会计管理学	4	附加课1		
			信息学Ⅳ	4	附加课2		
			物流学	6			
			项目管理	4			
	合计		合计	18	合计		
	第6学期22　SWS 本科阶段合计135　SWS						
第五学期	实习（20周）。实习领域：生产准备及物料经济，物流及数据加工，组织及会计管理。包括项目前期准备和最后整理4 SWS						基础阶段学习
第一至第四学期	数学及自然科学基础		工程学基础		非工程学基础		
		授课/练习/考试 SWS		授课/练习/考试 SWS		授课/练习/考试 SWS	
	信息学Ⅰ～Ⅲ及电子数据处理	16	自动化	6	劳动学*	6	
	数学Ⅰ～Ⅱ	12	电子技术Ⅰ～Ⅱ	8	企业经济学	4	
	统计学	4	能源技术	10	会计学	4	
	物理学*	4	工程力学	6	融资和投资学	4	
	材料学	2	工程图学/CAD	3	成本计算	4	
			加工过程技术	4	市场学	6	
					国民经济学	4	
					经济法	6	
	合计	38	合计	37	合计	38	
	基础学习阶段合计113　SWS						
入学前	预实习（10周）						

资料来源：卡尔斯鲁厄应用科学大学学士/硕士学习考试规章* 包括实验室学时。

这是卡尔斯鲁厄应用科学大学“经济工程”专业（BA/MA）教学计划的基本框架，本科阶段共安排135 SWS、硕士阶段安排有68 SWS的教学任务。作为入学条件，学生在正式开始学校学习之前，必须完成为期10周的预实习，不论在本科学士学习阶段还是硕士学习阶段，在开题做论文前，都安排了一个学期给学生，用以完成为期20周的实习。实习领域是生产准备及物料经济、物流及数据加工、组织及会计管理等，涉及的都是企业生产、组织和管理等方面。

3 德国高校经济工程专业的借鉴意义

基于合肥学院与德合作三十多年积累的成功经验，引进和借鉴德国高校“经济工程”专业的构建模式和人才培养方式，开设中德合作“经济工程”专业则成为必然，2012年合肥学院开设该专业并正式招生。目前该专业教学进展顺利并不断发展。

随着新工业革命的加速进行，以新技术、新产业、新业态和新模式为特征的新经济呼唤新工科建设，我国一系列重大战略深入实施呼唤新工科建设，产业转型升级和新旧动能转换呼唤新工科建设，提升国际竞争力和国家硬实力呼唤新工科建设。为主动应对新一轮科技革命与产业变革，支撑服务创新驱动发展、“中国制造2025”等一系列国家战略，2017年2月以来，教育部积极推进新工科建设，先后形成了“复旦共识”“天大行动”和“北京指南”，并发布了《关于开展新工科研究与实践的通知》《关于推进新工科研究与实践项目的通知》，全力探索形成领跑全球工程教育的中国模式、中国经验，助力高等教育强国建设。

合肥学院恰恰已在“新工科”建设和发展的路上，因此，我校积极响应并以此为基础申报教育部“新工科”专业建设项目。在教育部公布的2017年度普通高等学校本科专业备案和审批结果以及首批“新工科”研究与实践项目中，合肥学院获批“经济工程”专业，这是国家首次设置的目录外新专业，全国仅合肥学院一所高校获批设置此专业。

合肥学院“经济工程”专业以“经济学＋”作为基础，叠加房地产不动产、建筑等工程领域的课程体系，结合地方经济社会发展的人才需求和学校办学资源，体现专业方向调整的动态化，实现人才培养与个人兴趣、特长相结合，形成人才培养、输送与市场需求的“无缝对接”。该专业是高等教育改革顺应国家创新驱动发展战略需要、贯彻“中国制造2025”行动纲领、丰富高校“新工科”内涵建设的必然要求。增设经济工程专业是深化高教改革，推动应用型高校发展的必然之举，是有效对接经济社会复合型人才需求增长的现实要求，是顺应学科融合生成新专业的趋势。

在建设符合中国国情的“经济工程”专业的过程中，德国高校模块化的教学组织、以培养学生应用能力为导向的教学观念的树立、丰富多彩的教学方法的实施、与企业密切联系的经验等都值得我们认真学习、消化和吸收。

参考文献：

[1] Fenner H.，Vogel B. Wirtschaftsingenieurwesen an Universitäten und Fachhochschulen-Organisation und Ressourcenbedarf von Kombinationsstudiengängen [R]. HIS GmbH，Hannover，2002.

[2] Bohn A. Modularisierung in Hochschule：Handreichung zur Modularisier-ung und Einführung von Bachlor-und Master-Studiengängen [R]. BLK，Bonn，2002.

[3] Hochschulkompass [Z]. [2018 - 07 - 26]. https：//www. daad. de/deutschland/studien angebote/studiengang/de/.

德国经济工程专业的历史和发展

Dieter Grommas

经济工程专业在德国的发展历史可以追溯到19世纪的后期，当时设立经济工程专业的创意就被提出来了。1927年，柏林高等学院率先在德国开设了经济工程专业。该专业由 Willi Prion 建立，当时的名称是“经济与技术”，学生除了在校学习还需要到企业进行相关培训。

经济工程专业招生也是具有一定的历史背景的。当初在德国有很多企业都是家庭家族制的企业，子女如果要继承家业从事同样行当的话，就需要继续深造。他们的父母把他们送到学校去，一方面学习专业技术，另外一方面从经济的角度让他们应该有一定的管理能力。因此，经济工程专业最初的主要的学生来源就是这些以家庭家族制企业为代表的中小企业主的子女。

20世纪80年代，德国设立此类专业的高校寥寥无几。1990年起，由于产业发展和工业自动化率提升，企业和政府部门需要大量经济工程专业人才，以在经济和技术的相互作用下做出有效的决策。在这种背景下，德国应用科学大学、综合大学和工业大学等各种类型的高校广泛开设经济工程专业，学生人数也在不断增加。在发展规模方面，据数据统计，至2018年有超过一百所德国高校开设了经济工程专业，具体为31个综合型大学和77所应用科学大学。德国因为应用科学大学的实践性和与企业的紧密结合的设置更符合学生未来就业和实习的需求，并且学习时间也相对较短，所以更多的学生选择在应用科学大学（FH）中修读经济工程专业。

近年来，经济工程课程范围不断扩大，专业领域涉及信息和通信系统、能源技术、健康技术、生产及环境技术等。经济工程专业的学生也在逐年增多，近两万名新生每年在各个综合性大学、应用型大学以及职业学院学习经济工程专业。这意味着，在全球大趋势和全球价值链整合日益加剧的背景下，Willi Prion 传统的业务和技术层面中对综合型人才的需求将在未来持续增长。

在德国经济工程专业已经非常正规，它是一个非常独立的专业，其典型特点就是集技术和经济的融合。所有在德国高校经济工程专业进行学习的学生，其最后毕业的时候拿到的学位都是工程学学士，包括哥廷根应用科学大学。

德文相关信息如图 1 至图 10 所示。

图 1

图 2

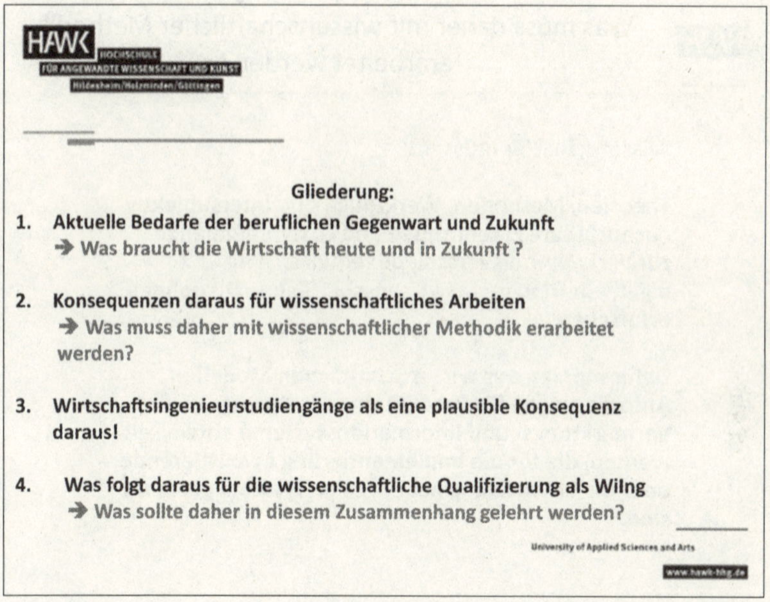
HAWK
HOCHSCHULE
FÜR ANGEWANDTE WISSENSCHAFT UND KUNST
Hildesheim/Holzminden/Göttingen
Gliederung:
1. Aktuelle Bedarfe der beruflichen Gegenwart und Zukunft
➔ Was braucht die Wirtschaft heute und in Zukunft ?
2. Konsequenzen daraus für wissenschaftliches Arbeiten
➔ Was muss daher mit wissenschaftlicher Methodik erarbeitet werden?
3. Wirtschaftsingenieurstudiengänge als eine plausible Konsequenz daraus!
4. Was folgt daraus für die wissenschaftliche Qualifizierung als WiIng
➔ Was sollte daher in diesem Zusammenhang gelehrt werden?
University of Applied Sciences and Arts
www.hawk-hhg.de

图 3

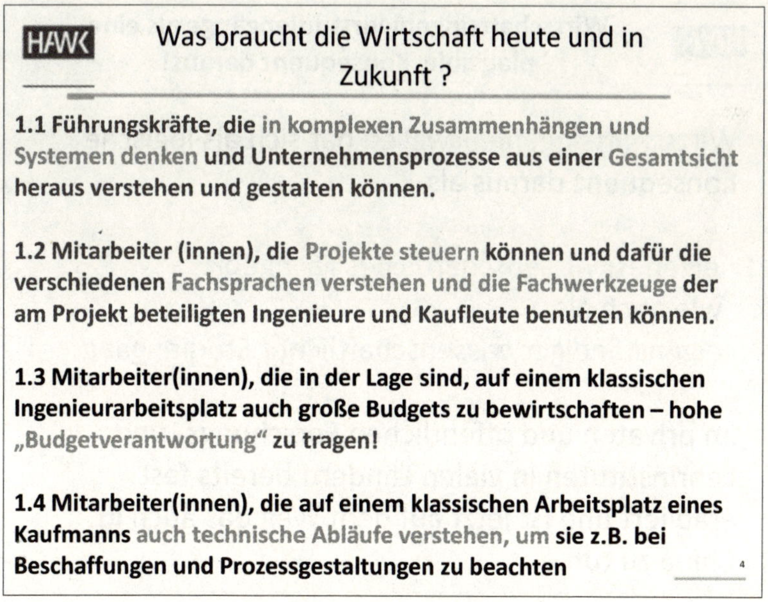
HAWK
Was braucht die Wirtschaft heute und in Zukunft ?
1.1 Führungskräfte, die in komplexen Zusammenhängen und Systemen denken und Unternehmensprozesse aus einer Gesamtsicht heraus verstehen und gestalten können.
1.2 Mitarbeiter (innen), die Projekte steuern können und dafür die verschiedenen Fachsprachen verstehen und die Fachwerkzeuge der am Projekt beteiligten Ingenieure und Kaufleute benutzen können.
1.3 Mitarbeiter(innen), die in der Lage sind, auf einem klassischen Ingenieurarbeitsplatz auch große Budgets zu bewirtschaften – hohe „Budgetverantwortung“ zu tragen!
1.4 Mitarbeiter(innen), die auf einem klassischen Arbeitsplatz eines Kaufmanns auch technische Abläufe verstehen, um sie z.B. bei Beschaffungen und Prozessgestaltungen zu beachten
4

图 4

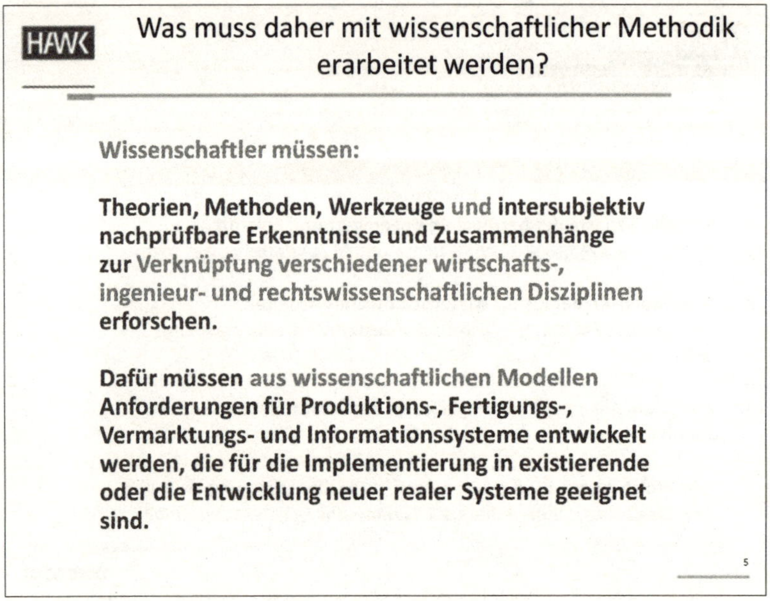
HAWK
Was muss daher mit wissenschaftlicher Methodik erarbeitet werden?
Wissenschaftler müssen:
Theorien, Methoden, Werkzeuge und intersubjektiv nachprüfbare Erkenntnisse und Zusammenhänge zur Verknüpfung verschiedener wirtschafts-, ingenieur- und rechtswissenschaftlichen Disziplinen erforschen.
Dafür müssen aus wissenschaftlichen Modellen Anforderungen für Produktions-, Fertigungs-, Vermarktungs- und Informationssysteme entwickelt werden, die für die Implementierung in existierende oder die Entwicklung neuer realer Systeme geeignet sind.
5

图 5

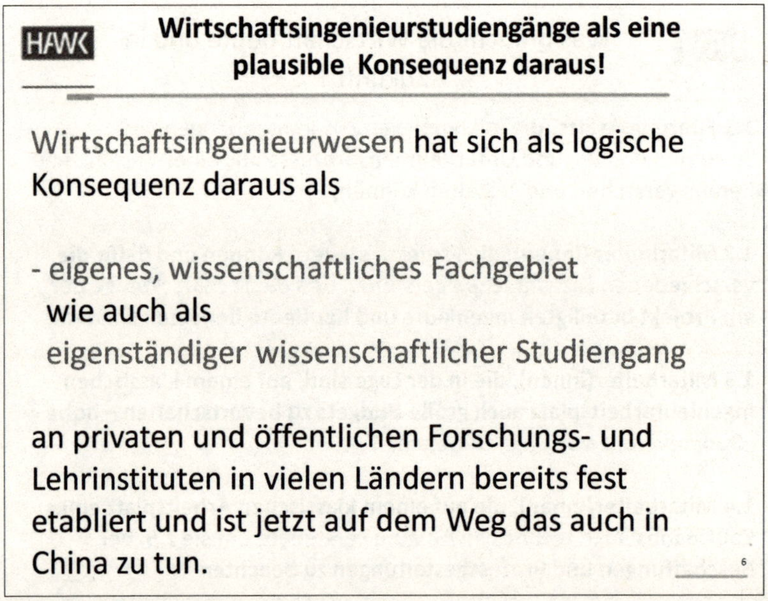
HAWK
Wirtschaftsingenieurstudiengänge als eine plausible Konsequenz daraus!
Wirtschaftsingenieurwesen hat sich als logische Konsequenz daraus als
- eigenes, wissenschaftliches Fachgebiet
wie auch als
eigenständiger wissenschaftlicher Studiengang
an privaten und öffentlichen Forschungs- und Lehrinstituten in vielen Ländern bereits fest etabliert und ist jetzt auf dem Weg das auch in China zu tun.
6

图 6

HAWK

Was sollte daher in diesem Zusammenhang gelehrt werden?

Studierende müssen ökonomische, technische und rechtliche Fach- und Methodenkompetenz erwerben.

Studierende müssen befähigt werden ökonomisch, technisch und rechtlich relevante Problemstellungen zu erkennen und an

- technisch ausgereiften,
- wirtschaftlich sinnvollen,
- rechtlich einwandfreien

Lösungen mit zu arbeiten und sie letztlich auch gestalten zu können.

Neben den dazu erforderlichen fachlichen Modulen bedarf es aber auch in besonderer Weise der „Integrationsmodule“ wie Projekt- ,Qualitäts- , Umwelt- und Prozessmanagement, ...

7

图 7

HAWK

Lehrmethodisch bedeutet das:

Studierende benötigen dazu in der Lehre eine konsequente Arbeit mit praxisgerechten Fallgestaltungen und Projekten, um die wechselseitigen Abhängigkeiten im konkreten Einzelfall zu erkennen und bei Problemlösungen zu beachten.

Ein entsprechender Projektauftrag als Beispiel aus der Lehre des Kollegen Loewen und von mir soll das zeigen.

„Potenzialstudie E-Mobilität an der HAWK“

An der HAWK werden verschiedene Dienstfahrzeuge betrieben, die in der Regel mit Diesel- und zum Teil mit Benzinmotoren ausgestattet sind. Theoretisch könnte zumindest ein Teil dieser Fahrzeuge durch BEV (Battery Electric Vehicles) oder durch PHEV (Plug-in Hybrid Electric Vehicles) ersetzt werden.

8

图 8

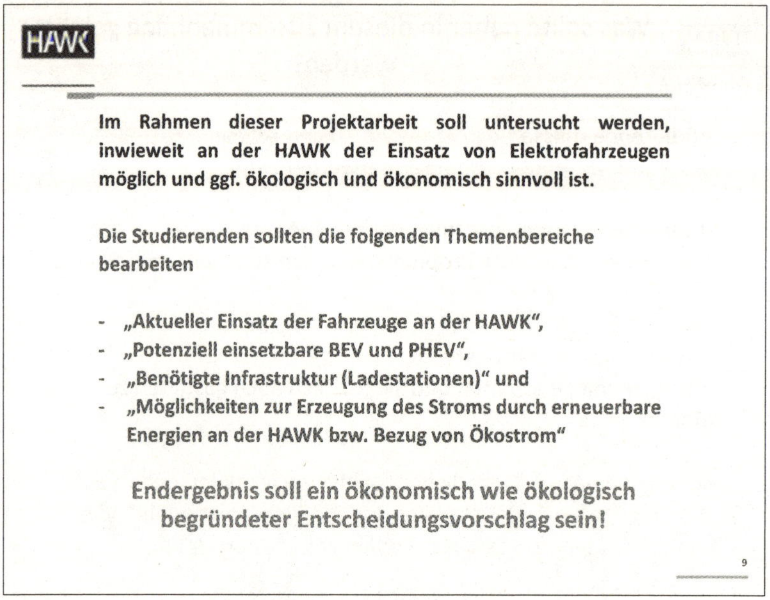
HAWK
Im Rahmen dieser Projektarbeit soll untersucht werden, inwieweit an der HAWK der Einsatz von Elektrofahrzeugen möglich und ggf. ökologisch und ökonomisch sinnvoll ist.
Die Studierenden sollten die folgenden Themenbereiche bearbeiten
- „Aktueller Einsatz der Fahrzeuge an der HAWK",
- „Potenziell einsetzbare BEV und PHEV",
- „Benötigte Infrastruktur (Ladestationen)" und
- „Möglichkeiten zur Erzeugung des Stroms durch erneuerbare Energien an der HAWK bzw. Bezug von Ökostrom"
Endergebnis soll ein ökonomisch wie ökologisch begründeter Entscheidungsvorschlag sein!
9

图 9

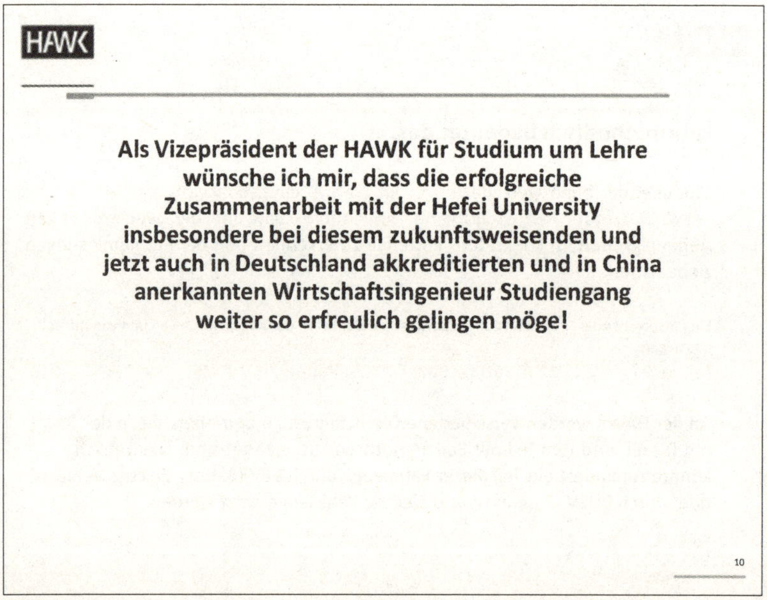
HAWK
Als Vizepräsident der HAWK für Studium um Lehre wünsche ich mir, dass die erfolgreiche Zusammenarbeit mit der Hefei University insbesondere bei diesem zukunftsweisenden und jetzt auch in Deutschland akkreditierten und in China anerkannten Wirtschaftsingenieur Studiengang weiter so erfreulich gelingen möge!
10

图 10

德国 HAWK 经济工程专业课程设计及实施

Achim Loewen

（希尔德斯海姆-霍尔茨明登-哥廷根应用科学大学资源管理系，哥廷根 37077）

摘　要： 自 19 世纪末期开始，经济工程逐渐作为一门独立专业课程在德国大学中推广。目前，经济工程专业已广泛存在于德国众多高校。希尔德斯海姆-霍尔茨明登-哥廷根应用科学大学作为一所应用科学大学也设立了经济工程专业，该专业在课程结构与设置上具有自身特色，并在就业方面取得一定成效。

关键词： 德国；HAWK；经济工程；课程设计及实施

1　德国经济工程专业概况

1.1　经济工程学

经济工程学包括理论、方法、工具和主体间可核实性的知识以及各种经济学科、工程学科和法律学科之间的关系。它关注的是业务流程，即不同的经济、工程和法学之间的理论与方法，其目标一方面是优化技术操作的流程，另一方面是优化生产力和经济效率。经济工程学在经济与技术领域架起一座桥梁，传达了各学科之间的联系，以实现对问题提出有见地、有远见的解决

作者简介： Achim Loewen（阿希姆·吕文，1964—），男，德国人，希尔德斯海姆-霍尔茨明登-哥廷根应用科学大学教授，德国博士，研究方向：生物工程。

文章翻译： 刘鑫（1986—），女，安徽阜阳人，合肥学院经济系助教，德国硕士，研究方向：区域管理、经济促进。

方案[1]。经济工程学的内容具有跨学科的特征，这其中包括符合法律要求和规定的系统的开发、实施与优化，即经济系统与技术系统不是孤立存在的，而是作为综合系统被研究[2]。

1.2　经济工程学在德国的发展

19 世纪末期，西方一些大学已开设经济工程相关课程。1927 年，当时的柏林理工应用科技大学（现为柏林工业大学）成为德国第一所提供经济工程相关课程的大学。那时的经济工程被 Willi Prion 作为项目进行研究，并称之为“经济与技术”，旨在为企业家的后代提供合适的培训。“二战”结束后，Horst Wagon 作为经济工程课程设立的推动者，在柏林理工大学推行了所谓的柏林模型，其特点是将工程学与经济学专业课程同时放入经济工程专业。随着德国高等院校各个专业在 20 世纪 70 年代至 80 年代的快速发展，越来越多的学校接受了经济工程作为跨专业课程的创新性理念。20 世纪 90 年代，随着德国的统一，许多综合性大学开设经济工程专业课程，并扩展到应用科技大学。原东德的一些大学也开设了类似的经济工程学专业课程。21 世纪伊始，经济工程专业被纳入博洛尼亚协议框架，由本科与硕士学位代替传统的学位制度[3]。

2　HAWK 概况

HAWK 全称为希尔德斯海姆-霍尔茨明登-哥廷根应用科学大学，成立于 1971 年，坐落于德国下萨克森州，是一所公立的、全方位、多领域专业科目集于一体的应用科学大学。其主要教学地分别为希尔德斯海姆市、霍尔茨明登市以及哥廷根市，总部位于希尔德斯海姆市。该校起源于希尔德斯海姆皇家建筑学院（成立于 1900 年），早期霍尔茨明登是国家建筑学校，而希尔德斯海姆校区则是国家地理高校与高等女子学校合并而成的一所女子学校。直到 1969 年应用科学大学才产生，并于 1971 年在联邦教育部成立为一所新的应用科学大学。该校于 2000 年以前使用旧校名，自 2003 年由于下萨克森州政府优化学校概念的推行使得该校进行了校制改革并使用新校名沿用至今[4]。

该校设有本科与硕士专业，其涉及领域包括建筑学、社会学与教育学、法学、自然知识与技术、资源管理等，所含专业包括建筑学、土木工程学、社会学、经济工程学、设计学、建筑与房屋管理等近 30 个专业。学校的学生总人数约 6000 人，教职工约 400 人，其中约 190 人为教授。该校科研领域涉及广泛：2016—2020 年获得联邦教育与研究部资助的“优秀的大学——区域的引擎”项目，支持区域经济发展，该项目因其良好的运行而将延期四年；与弗劳恩霍夫研究所进行等离子和光子项目的合作，通过对等离子以及相关材料的加工和产品的创新，开发用于生命科学等领域的设备；与哥廷根大学医学中心开设哥廷根医疗中心，并提供护理和治疗的双重课程，并将扩大成学士与硕士课程[5]。

3 HAWK 经济工程专业课程设计及实施

3.1 HAWK 经济工程专业结构及内容

3.1.1 经济工程本科专业结构设置

HAWK 本科专业经济工程包含 7 个学期，以企业经济学、自然以及工程技术为核心内容，课程分为必修与选修，具体内容见表 1 与表 2 所列。

表 1 HAWK 经济工程本科专业课程设置

	数学/自然科学/工程学	经济学	交叉专业
必修	数学（例如线性代数、分析学）	簿记/编制资产表	经济法和环境法
	物理（基础物理课程）	成本账目	质量监管
	化学	采购/物流	环境管理
	工程力学	产品经济	统计学
	工艺流程学	投资/财政	运筹学
	能源工程学	销售	
	制造工艺	商业过程管理	
	设计/CAD	项目管理	
	材料学	人事管理	
	电气工程学	国民经济学 （如微观和宏观经济学、经济理论）	

（续表）

<table>
<tr><th></th><th>数学/自然科学/工程学</th><th>经济学</th><th>交叉专业</th></tr>
<tr><td>选修</td><td colspan="3">技术学习重点
生产工艺学/能源技术学
选修专业
企业实习项目（18周）
实习阶段和本科毕业论文（16周）</td></tr>
</table>

表2 HAWK经济工程本科专业课程内容

<table>
<tr><th>学习内容Ⅰ：
企业管理学</th><th>学习内容Ⅱ：数学、
自然科学和工程学</th><th>学习内容Ⅲ：
交叉学科与法学</th><th>学习内容Ⅳ：
学习重点</th></tr>
<tr><td>企业管理学基础</td><td>数学</td><td rowspan="2">质量监控和
环境监控</td><td rowspan="2">土木工程（建筑物理学、气候概念、设备建设——楼宇技术、热过程和湿过程）</td></tr>
<tr><td>会计学和编制资产表</td><td>信息处理/数据库</td></tr>
<tr><td>成本账目和收益账目</td><td>工程力学</td><td rowspan="2">城市规划和
区域规划</td><td rowspan="3">不动产管理（城市规划/区域规划、房地产管理、房地产中介、房地产营销、设施管理）</td></tr>
<tr><td>审计监督</td><td>设计学</td></tr>
<tr><td>投资与财政</td><td>材料学</td><td>经济法</td></tr>
<tr><td>管理与人事</td><td rowspan="3">能源技术
（传统能源和
可再生能源）</td><td rowspan="2">修辞学/展示/交际</td><td rowspan="3">能源技术（分散型能源生产、可再生能源、能源效率和能源管理、能源经济）</td></tr>
<tr><td>企业管控</td></tr>
<tr><td>过程管理和项目管理</td><td>跨文化管理</td></tr>
</table>

3.1.2 经济工程硕士专业设置及内容

HAWK经济工程硕士专业以质量管理与能源管理两个领域为重点，通过专业课程与选修课程的安排，旨在培养学生在这两个领域整合所学知识解决经济与技术的跨领域问题的综合能力。作为经济工程硕士专业的两个重点领域，质量管理已在很多企业被成立并需要大量专业人才；而能源管理则是未来企业人才需求增加的一个方向，基于环境与能源保护以及能源成本的上升，各个行业的企业都将在此领域投入大量资本。HAWK该专业的内容设置（表

3）以这两个领域为中心，包含产品与工艺质量、能源与资源管理、可持续性以及气候保护等，这些内容都将成为未来企业提升自身竞争力的重要发展方向[6]。

HAWK经济工程硕士专业内容基于其本科专业内容进行扩大与深入，使其毕业生具有更广泛和更深入的专业研究能力以及社会实践能力。作为质量管理与能源管理领域的经济工程专业主要是面向生产过程、跨专业以及价值链。

表3 HAWK经济工程硕士专业课程设置

必修	选修	实习项目及毕业论文
质量管理Ⅰ：主要行业的特殊质量要求与标准	工程科学与软技能方面的各种课程。这里的软技能主要是指社交技能，包括各种人格特质、分析思维、责任感、团队精神和诚信。此外，方法技能也包含在内，主要是有效运用工作方法解决问题的能力以及公司的专业知识，这其中不仅包括所获得的专业知识，还包括适当使用这些知识	第三学期需要在企业完成实习项目，项目一般为期四周
质量管理Ⅱ：质量管理与质量保障中选定工具与方法		
能源管理与能源法		
能源效率		最后学生需要完成硕士论文，通常是以解决企业实际课题为选题
产品开发		
制造工艺及生产组织		
企业管理与成本控制		
供应链管理		

3.2 HAWK经济工程专业就业前景

就目前HAWK办学经验显示，实用型专业的学习对毕业生来说也同样可以为其进入职场或进行硕士进修提供很好的机会。有利的学习环境，如小班教学、现代化的实验设备和图书馆、教师针对性的指导都是学生顺利成功完成学业的前提。

经济工程专业的跨学科教育和丰富的专业化使其实际应用领域相当广泛，但经济的发展以及市场的变化也导致其应用领域跟着不断变化。凭借扎实的学业知识，HAWK经济工程专业的毕业生既可在工业企业任职，如汽车行业、机械制造、能源行业，也可在服务型企业工作，尤其是企业咨询一类。

而毕业生的就业领域与该专业的跨学科培养一样具有多样性，尤其在商业领域和技术领域的衔接领域。至今该专业毕业生的就业主要领域为：质量监管、项目管理、采购与物流、营销与销售、审计、研发新产品、生产与制造等。当然，毕业生也可以选择其他领域，如在能源管理与资源管理领域利用经济学分析社会相关性问题，并在技术和经济方面整合跨学科解决方案；在公共服务、高科技领域、交通业等领域利用跨学科知识和能力进行相关环节的控制与管理。

参考文献：

[1] Henrich Fenner，Bernd Vogel. Wirtschaftsingenieurwesen an Universitäten und Fachhochschulen [M]. Hannover：HIS GmbH，2002.

[2] Klaus Feilhauer. Neuere Ansätze im Ausbildungskonzept des Wirtschaftsingenieurwesens [J]. Führungskräfte für ein integriertes Management，2003：111 - 119.

[3] Helmut Baumgarten，Burkhard Schmager. Wirtschaftsingenieurwesen in Ausbildung und Praxis [M]. Berlin：Universitätsverlag der TU Berlin，2007：15 - 17.

[4] HAWK Hochschule für angewandte Wissenschaft und Kunst Hildesheim / Holzminden / Göttingen [EB/OL]. [2017 - 01 - 12]. https：//de. wikipedia. org/wiki/HAWK _ Hochschule _ f%C3%BCr _ angewandte _ Wissenschaft _ und _ Kunst _ Hildesheim/Holzminden/G%C3%B6ttingen.

[5] Hochschule | HAWK Hochschule für angewandte Wissenschaft und Kunst [EB/OL]. [2018 - 04 - 12]. https：//www. hawk. de/de/hochschule.

[6] Wirtschaftsingenieurwesen | HAWK Hochschule für angewandte Wissenschaft und Kunst [EB/OL]. [2018 - 05 - 10]. https：//www. hawk. de/de/studium/studiengaenge/master-engineering-wirtschaftsingenieurwesen-goettingen.

德国经济工程专业内涵

Achim Loewen

国际竞争以及技术发展和创新的持续活跃成为企业所面临的巨大挑战。未来的企业领导人和专业人才要想把握机会就必须结合复杂的背景关系考虑问题，从全局角度了解并理解企业各项业务流程。

经济工程学包括理论、方法、工具和主体间可核实性的知识以及各种经济学科、工程学科和法律学科之间的关系。它作为企业经济与工程学之间的连接口，多年来发展成为一个独特的科学领域。

经济工程学的内容具有跨学科性，因此往往形成非常复杂的系统。这其中包括开发、执行、实施、优化以及在符合法律要求和规定下对某些系统的实际操作。这些系统不像纯粹经济性或者纯粹技术性系统那样，而是作为整体系统被人们研究。经济工程学是从技术性、经济性和法律性角度，利用系统理论、统计学、运筹学等不同的方法设计和构建真实的经济性和技术性体系，同时将来自相应模式中对生产、制造、营销以及信息系统的要求引入现有的或者新型的真实系统中。

经济工程学是由经济学科和工程学科共同组成，两者同等重要。其内容为包括工程学科知识和经济学科知识的跨学科课程。它作为一门独特的学科同时也被列入众多大学工程学科的院系之中。经济工程不仅已经建立了独立的科学性课程，同时也被作为独立的科学性专业领域设立于公共以及私人的研究机构中。

作者简介：Achim Loewen（阿希姆·吕文，1964—），男，德国人，希尔德斯海姆-霍尔茨明登-哥廷根应用科学大学教授，德国博士，研究方向：生物工程。

经济工程学的毕业生尤其具有在经济和技术交叉领域中完成跨学科相关性任务的能力。经济工程师能够基于他们所受到的培训清晰地判断出与经济、技术和法律相关的各种问题情况并有能力解决这些问题。这种既包含有企业经济学、自然科学、工程科学，又包含有法学的课程内容在过去的几年中被推广到许多国家之中。

通过对经济工程学课程的学习，学生们应该能够从不同的角度分析问题并且对其进行经济性和技术性的评判。力求通过跨学科的方法使得毕业生们获得处理问题的全局观。学科课程作为架在经济与工程科学之间的桥梁，汇集来自两个科学领域的内容与能力。为完成这一目标，课程设置不仅以在自然、工程和企业经济方面的专业能力培养为重点，同时在专业整合方面如质量管理、项目管理、环境管理、流程管理和法律等方面继续进行开发。由此培养出毕业生们所必须具备的能力，以使得他们在技术与商业交叉领域胜任各项工作。

德国经济工程专业发展探讨

刘　鑫

（合肥学院　经济系）

摘　要：自19世纪末期开始，随着经济工程学课程在西方一些大学的开设，经济工程逐渐作为一门独立专业课程在德国大学中推广。经过多年的发展，经济工程专业已广泛存在于德国众多高校，其中包括综合性大学、应用科学大学以及职业学院。宽泛的就业领域以及领先的薪资收入已成为经济工程专业的显著就业特点，并推动其进一步发展。

关键词：德国；经济工程；专业发展

1　经济工程学含义

经济工程学包括理论、方法、工具和主体间可核实性的知识以及各种经济学科、工程学科和法律学科之间的关系。它作为企业经济学与工程学之间的连接口，多年来发展成为一个独特的学科领域。

经济工程学的内容具有跨学科性，因此往往形成非常复杂的系统。这其中包括开发、执行、实施、优化以及在符合法律要求和规定下对某些系统的实际操作。这些系统不像纯粹经济性或者纯粹技术性系统那样，而是作为整体系统被人们研究。经济工程学是从技术性、经济性和法律性角度，利用系统理论、统计学、运筹学等不同的方法设计和构建真实的经济性和技术性体

作者简介：刘鑫（1986—），女，安徽阜阳人，合肥学院经济系助教，德国硕士，研究方向：区域管理、经济促进。

系，同时将来自相应模式中对生产、制造、营销以及信息系统的要求引入现有的或者新型的真实系统中[1]。

经济工程学是由经济学科和工程学科共同组成，两者同等重要。其内容为包括工程学科知识和经济学科知识的跨学科课程。它作为一门独特的学科同时也被列入众多大学工程学科的院系之中。经济工程不仅已经建立了独立的科学性课程，同时也被作为独立的科学性专业领域设立于公共以及私人的研究机构中[2]。

经济工程学的毕业生尤其具有在经济和技术交叉领域中完成跨学科相关性任务的能力。经济工程师能够基于他们所受到的培训清晰地判断出与经济、技术和法律相关的各种问题情况并有能力解决这些问题。这种既包含有企业经济学、自然科学、工程科学，又包含有法学的课程内容在过去几十年被推广到许多国家。

通过对经济工程学课程的学习，学生们应该能够从不同的角度分析问题并且对其进行经济性和技术性的评判。力求通过跨学科的方法使得毕业生们获得处理问题的全局观。学科课程作为架在经济与工程科学之间的桥梁，汇集来自两个科学领域的内容与能力。为完成这一目标，课程设置不仅以在自然/工程和企业经济方面的专业能力培养为重点，同时在专业整合如质量管理、项目管理、环境管理、流程管理和法律等方面继续进行开发。由此培养出毕业生们所必须具备的能力，以使得他们在技术与商业交叉领域胜任各项工作[3]。

2 经济工程专业发展历程

19 世纪末期，西方一些大学已开设经济工程相关课程。在美国，经济工程学的课程于 1908 年首次被引入大学。1927 年，当时的柏林理工应用科技大学（现为柏林工业大学）成为德国第一所提供经济工程相关课程的大学。那时的经济工程被 Willi Prion 作为项目进行研究，并称之为“经济与技术”，旨在为企业家的后代提供合适的培训。“二战”结束后，Horst Wagon 作为经济工程课程设立的推动者，在柏林理工大学推行了所谓的柏林模型，该模型后来也被很多其他大学效仿。柏林模型的特点是将工程学与经济学专业课程同时放入经济工程专业。之后，其他大学也相继推出自己的模型，如当时的达姆施塔特理工应用科技大学（现为达姆施塔特大学），以及 20 世纪 60 年代的卡尔斯鲁厄大学与布伦瑞克工业大学。随着德国高等院校各个专业在 20 世纪 70 年代至 80 年代的快速发展，越来越多的学校接受了经济工程作为跨专业课程的创新性理念。20 世纪 90 年代，随着德国的统一，许多综合性大学开设经济工程专业课程，并扩展到应用科技大学。原东德的一些大学也建立了类似的经济工程学专业课程。21 世纪伊始，经济工程专业被纳入博洛尼亚协议框架，由本科与硕士学位代替传统的学位制度[4]。

一些综合性大学与应用科技大学在开展经济工程专业本科课程的同时，也开设了研究生课程，如亚琛工业大学、慕尼黑工业大学以及凯泽斯劳滕工业大学。研究生课程通常以工程科学课程为主，辅以 4～6 个学期的经济科学课程。然而，这种课程连续的形式并未得到广泛认可，反而持续下降。因此研究生课程被同步课程替代的情况时有发生，如亚琛工业大学与凯泽斯劳滕工业大学。

近年来，经济工程课程范围不断扩大，同时在 32 所大学和近 120 所高校和职业院校开设，专业领域更是涉及包括信息和通信系统、能源技术、健康技术、生产及环境技术等更广泛的领域。经济工程专业的学生也在逐年增多，近两万名新生每年在各个综合性大学、应用型大学以及职业学院学习经济工程专业。在过去十年中，经济工程专业的学生人数增加了一倍，这意味着该专业的学位课程现在是德国五个最强的学位课程之一。同时也意味着，在全球大趋势和全球价值链整合日益加剧的背景下，Willi Prion 传统的业务和技术层面中对综合型人才的需求将在未来持续增长[5]。

3 经济工程专业在德国高校的运行

3.1 经济工程在德国高校的专业类型

经济工程专业的学习在德国基本分为三种：综合性大学专业课程、应用科学大学专业课程以及职业学院专业课程。

3.1.1 综合性大学经济工程专业

德国综合性大学经济工程专业除了涉及传统的工程学科，如机械制造、电子工程学、建筑工程学之外，近年来已经广泛推广到各个学科。普遍存在的经济工程学科依然面向传统工程，如土木工程、交通工程等技术研究领域。由于学科发展的多样化以及创新化，不同种类的学科也在相应增加经济工程专业，如信息和通信技术、机电一体化、医疗卫生、物流、工艺和环保技术等。

“博洛尼亚进程”的推进导致综合性大学中各专业包括经济工程专业的学位课程发生改变，德国“传统硕士课程”被分解为国际上通用的“学士”与“硕士”两个阶段课程。传统硕士课程包括 10 个学期的标准学习期，由基础课程与主要课程两部分构成，其中基础课程在 4～5 个学期中完成。基础课程侧重于理论教学的基本原则和关系，使得学生能够进行逻辑分析与批判性思考，并学会在独立的领域提出以及解决问题。基础课程的学习内容相对固定，只有少数选修课程可供选择。主要课程则提供了更多可能性，旨在基础课程之上加深学科领域的研究性知识，其重点是科学研究性内容，因此除了学位论文之外，学生还要参加一至三次研讨会以及完成一至两篇研究性论文。而国际上通用的“学士”与“硕士”课程持续时间根据法律要求一般为 10 个学期，其中 6 个学期的学士课程和 4 个学期的硕士课程。

3.1.2 应用科学大学经济工程专业

应用科学大学经济工程专业强调以实践为导向，并以与应用相关的学习内容体现应用科学大学的教学理念。根据“博洛尼亚进程”，应用科学大学中经济工程专业课程也被分为“传统硕士课程”以及国际上通用的“学士”与“硕士”课程。应用科学大学提供经济工程专业的“传统硕士课程”作为同步课程和进修课程。在基础课程中除了数学、自然和工程学科之外，还需要结合经济学和法学的基础知识。在基础课程之后随着课程内容的不断深化，更多地在技术专业化的方向提供继续学习的课程。此外，还提供技术性实践学期，以安排所涉及学科领域内容的实践课程。学位论文通常为期 3 个月，多数情况下是学生结合来自实习公司或者类似机构提供的主题完成，以加强与实践的结合，促使学生在学业结束后更容易就业。而国际上通用的“学士”与“硕士”课程也以同步课程和进修课程的方式在应用科学大学中提供给学生。一些应用科学大学也会提供相对灵活一些的远程课程以及虚拟课程。

3.1.3 职业学院经济工程专业

德国一些职业学院也提供经济工程专业课程，一般为期 3 年，主要由理论学期与实践学期构成，二者同等重要。强调实习与实践是职业学院的课程特点，因此，学生只有在与公司签订培训合同并且达到正式入学要求后才能进入职业学院进行经济工程专业的学习。该公司可以是职业学院的合作伙伴，也可以是潜在合作伙伴。学生在学习期间从公司获得报酬，通常在学业完成后进入公司工作。在职业学院完成获得认证的经济工程专业课程后，学生与任何其他申请者一样拥有申请应用科学大学以及综合性大学相关硕士课程的权利。

3.2 经济工程的评价体系

经济工程专业的课程设置应适应企业对经济工程师能力的需求，在整合性的学科中，将经济与工程融为一体，以基础学科和基本技能为基石，增加跨学科研究，让学生能够在更广泛的领域提高自身专业能力。

3.2.1 能力的培养

能力维度包括社会能力、学习能力、专业能力等。社会能力是在整个社会化过程中建立，并受到家人与朋友的影响，一旦形成，有些缺陷在进入工作时很难纠正。学习能力是在学校期间获得，是学习任何知识的综合能力的体现。专业能力则可以在工作中通过培训和进修而得到提升，与专业能力相比，企业管理者更看重学习能力。

3.2.2 德国经济工程的国际定位

经济全球化发展势不可挡，资本的自由流动、自由贸易区以及不断下降的通信和运输成本正以越来越快的速度改变全球市场。工业企业必须适应不断变化的竞争环境。企业的全球影响力不仅包括其全球业务的经营与发展，还包括其自身竞争力与影响力的提升。在理想情况下，企业需要在全球范围内集成开发、采购、生产和销售等各个环节，以提高对市场和技术变化的反应速度，并缩短投资资本的回收期。而这些企业发展的任务均需要拥有出色专业技能以及国际化水平的高素质员工完成。经济工程专业发展以培养企业所需人才为目标，满足企业国际化发展中对人才的需求。

4 经济工程专业在德国的就业

4.1 经济工程专业在德国的就业领域

经济工程专业的跨学科教育和丰富的专业化使其实际应用的领域相当广泛。但经济的发展以及市场的变化也导致经济工程师的应用领域跟着不断变化。经济工程师首选就业领域为工业领域，其次在贸易与服务领域也存在巨大需求。一般而言，经济工程师几乎可以在所有领域的公司找到相应职位，因此就业领域十分广泛，尤其是在物流、营销、审计和咨询领域。许多经济工程师也会担任行政职务，但这需要技术知识、经济判断以及战略思维。综合而言，经济工程师在以下领域具有较强的竞争力及胜任能力[6]。

4.1.1 物流与采购

该领域涉及整个价值链的整合与优化，包括流程链的研究与开发、供应、订单处理、生产、配送、售后服务、决策供应等，用现代信息和通信系统辅助物流体系；开发用于建立和控制企业物流网络的解决方案；作为供应链管理协作的一部分在仓储、运输和交通物流领域为工业、商业和服务公司开发物流概念；物流设施和程序的设计以及运营、建设和管理，采购与分销等。

4.1.2 营销与销售

营销与销售领域主要涉及执行市场分析，包括市场增长、竞争、买方行为、趋势识别、目标群体报告以及目标群体分析。除此之外，还涉及营销策略的执行与调整、销售计划的执行，以需求为导向开发与实现市场计划，包括产品和分类设计、分销渠道、技术营销等。

4.1.3 研发新产品

经济工程师可以在企业研发部门开发新产品、新技术、新流程，解决与成本相关的技术问题与经济分析，并预测产品和技术的市场趋势，同时培训相关部门员工了解新产品、新技术以及新流程的应用。

4.1.4 生产与制造

经济工程师可以为企业的生产与制造服务，按照产品类型和数量，在考虑到生产要素经济型的条件下对生产计划进行优化；为可靠且具有成本效益的制造工艺开发定量模型和方法；分析以控制为目的的评估数据如质量控制评估、产品废品率等以提高生产效率与产品质量。

4.1.5 其他领域

经济工程师还可以在能源管理、资源管理领域利用经济学分析社会相关性问题，并在技术和经济方面整合跨学科解决方案；在公共服务、高科技领域、交通业等领域利用跨学科知识和能力进行相关环节的控制与管理。

4.2 经济工程专业在德国的薪资水平

自20世纪90年代中期以来，经济工程师的起薪没有显著变化，但与其他职业群体相比仍处于较高水平，这是经济工程师在整个职业生涯中的职业期望与要求高于平均水平的表现。经济工程师能够尽早地发现公司运营过程中的问题并予以解决，从提高公司竞争力的角度，经济工程师也是公司用人首选。

由表1所列可见，2017年德国各专业入门薪资水平中，经济工程专业仅次于医学类专业（包括牙医）成为入门薪资水平较高的专业，这也意味着学生在高校完成经济工程专业之后获得第一份工作的收入相当可观。而不同高校经济工程专业毕业生的薪资水平也有差异，有高校学位的毕业生收入比平均高出37%。因此，经济工程专业的学习不仅为毕业生提供广泛的就业机会，也为该专业的进一步发展奠定了良好基础。

表1 2017年德国不同专业入门薪资水平

专业名称	入门薪资水平（欧元/年）
医学（以及牙科）	50170
经济工程	48238
自然科学（生物学、化学、药学、物理）	48071
工程学	47022
法学	46088
数学与信息学	45897
经济信息学	45449
企业经济学、国民经济学、经济学	42265

（续表）

专业名称	入门薪资水平（欧元/年）
心理学	41318
地理学	38169
政治学与社会学	37779
教师职务	37714
建筑学	34713
教育学、社会教育学	33721
设计	33297
哲学与人文科学	33261
历史学与文化学	33188

数据来源：德国联邦统计局网站。

参考文献：

[1] Volker Ahrens. Systemtheorie：Wissenschaftliche Grundlage des Wirtschaftsingenieurwesens [EB/OL]. [2017-01-06]. https：//www. nordakademie. de/die-nordakademie/forschung/publikationen.

[2] Henrich Fenner，Bernd Vogel. Wirtschaftsingenieurwesen an Universitäten und Fachhochschulen [M]. Hannover：HIS GmbH，2002.

[3] Klaus Feilhauer. Neuere Ansätze im Ausbildungskonzept des Wirtschaftsingenieurwesens [J]. Führungskräfte für ein integriertes Management，2003：111-119.

[4] Helmut Baumgarten，Burkhard Schmager. Wirtschaftsingenieurwesen in Ausbildung und Praxis [M]. Berlin：Universitätsverlag der TU Berlin，2007：15-17.

[5] Verband Deutscher Wirtschaftsingenieure e. V.，Wirtschaftsingenieurwesen [EB/OL]. [2017-07-10]. https：//www. vwi. org/hauptmenue/beruf-studium/wirtschaftsingenieurwesen. html.

[6] Stefan Grösser. Fit für die digitalisierte Zukunft-Bachelorstudium in Wirtschaftsingenieurwesen [J]. Focus：Technologie für den Menschen，2017：22-23.

附　　录

合肥学院中德合作经济工程专业发展历程

1 合作办学背景

自 1985 年以来，合肥学院与德国汉诺威应用科学大学以及其他的德国应用科学大学双向合作，建立了成功的合作伙伴关系。自 2001 年以来，中国合肥学院与德国希尔德斯海姆-霍尔茨明登-哥廷根应用科学大学一直保持着密切的合作。合作的基础是立足于 1984 年签署的下萨克森州与安徽省之间的合作协议。合肥学院以应用型教学为导向，多年以来与下萨克森州的应用科学大学保持着密切的交流与合作。

德国希尔德斯海姆-霍尔茨明登-哥廷根应用科学大学与合肥学院首先在土木工程系、环境和生物技术系以及经济系开展合作，多年来组织了各项丰富多彩的活动项目。两校合作的内容包括学生和教师的交流、举办专业会议，例如两年一次的“环境技术和知识转化国际会议”以及在土木工程领域和环境与能源技术领域的研究活动。

十多年以来，在学生交流项目的合作框架下，合肥学院公派学生至德国希尔德斯海姆-霍尔茨明登-哥廷根应用科学大学的不同专业进行学习交流。同时，德国希尔德斯海姆-霍尔茨明登-哥廷根应用科学大学的学生也有机会在合肥学院进行项目研究、学士论文和硕士论文写作以及实习工作。两校在能源和环境技术领域已经获得了一些工作成果。除此之外，自 2014 年起，来自希尔德斯海姆-霍尔茨明登-哥廷根应用科学大学的学生也可以参加在中德经济工程学位课程背景下设立的、由合肥学院的德语教师授课的大课。

自 2008 年以来，在下萨克森州和安徽省双方教育部门的参与下，每年举行“中德应用导向型大学教育、研究和发展论坛”。双数年份时，该论坛由合肥学院组织并且在合肥举办。单数年份时，该论坛由奥斯纳布吕克大学组织并在大学内举办。多年来，该论坛的举办促进了下萨克森州和中国高校的教授之间紧密的联系，双方针对应用导向型教育计划的各种方式进行了讨论。

2 共建合肥德国应用科学学院（DHH）

2009年11月，合肥学院与德国汉诺威应用科学大学（Hochschule Hannover，University of Applied Sciences and Arts）签署了合作协议，确定共建“合肥德国应用科学学院”（Deutsche Hochschule Hefei，简称DHH），德方以汉诺威应用科学大学为主、其他德国相关高校共同参与，组成一个高校协会作为德方合作者，中方为合肥学院。“合肥德国应用科学学院”将引入以培养高素质应用型人才为宗旨的德国应用科学大学的办学模式，利用德国优质的教育资源，结合我国实际，培养符合地方社会经济发展需要的人才。德国几所高校都参与了由德国汉诺威应用科学大学最初牵头成立的“合肥德国应用科学学院”。该学院于2010年由时任下萨克森州科学与文化部部长、德国现任联邦教育与研究部部长约翰娜·万卡教授（Prof. Dr. Johanna Wanka）、安徽省教育厅厅长以及汉诺威应用科学大学校长、合肥学院校长予以揭牌成立。在同一年，机械工程专业和工业设计专业开始招生并开启教学运作，用以批准申请的课程经济工程专业在两年后开始招生。

2015年10月，国务院总理李克强与德国总理默克尔来校参观期间，合肥学院被评为中国应用导向型教学与研究的示范学校，中国政府方面宣布，建设合肥学院中德教育示范基地。

无论合肥德国应用科学学院以及德国大学联盟的规模如何进一步扩大，经济工程专业课程将继续不间断地开展授课。作为课程的德方负责人，Loewen教授与中德两国其他与会者参加了就合肥德国应用科学学院进一步发展的会谈。会谈的目的是，中期时间段内实现涵盖跨学科的结构，例如考试管理、德国教育等，对此将安排中德双方的定期会面。尤其是一年以来Höhn教授在合肥学院担任职务的任职期间，大刀阔斧地在加快新结构的设定和必要的人员配置方面进行了规划，从而为做出一系列重要的决定做准备。

3 中德经济工程专业设立

2009年开始，合肥德国应用科学学院进行中德合作经济工程专业论证筹备，专门组织召开由合肥地区企业界人士参加的专业论证研讨会。2010年，德方高校协会商定，由下萨克森州希尔德斯海姆-霍尔茨明登-哥廷根应用科学大学与合肥德国应用科学学院开设中德合作经济工程专业，该专业是由德国下萨克森州希尔德斯海姆-霍尔茨明登-哥廷根应用科学大学拟定在合肥德国应用科学学院的框架下开设的一个专业，其专业方向分别为“建筑工程”“能源技术”和“房地产经济”。

2011年，该专业已经正式获得德意志学术交流中心（DAAD）资助。2012年，经安徽省教育厅批准，中德合作经济工程专业开始面向省内招生。学制四年，前三年在合肥学院学习德语及专业课程；第四年将赴德国，赴德前，须通过德福考试 Test/DaF。在德期间，第一学期参加相关专业课学习，第二学期从事实习并完成毕业论文（设计）。学生按规定完成学业，成绩合格，由合肥学院与 HAWK 颁发毕业证书；符合双方学士学位授予条件，由合肥学院与 HAWK 分别授予学士学位。成绩优异者，将有机会在德国继续攻读硕士学位。

基于合肥学院与德国应用科学大学的深度合作，借鉴德国应用科学大学经济工程专业的建设经验，中德合作经济工程专业的建设理念包括理论、方法、工具和主体间可核实性的知识以及各种经济学科、工程学科和法律学科之间的关系，体现系统性和跨学科性，同时包括开发、执行、实施、优化以及在符合法律要求和规定下对某些系统的实际操作。经济工程系统不像纯粹经济性或者纯粹技术性系统那样，而是作为整体系统被人们研究。中德合作经济工程专业是从技术性、经济性和法律性角度，利用系统理论、统计学、运筹学等不同的方法，设计和构建真实的经济性和技术性体系，同时将来自相应模式中对生产、制造、营销以及信息系统的要求引入现有的或者新型的真实系统中。

该专业师资队伍建设充分利用希尔德斯海姆-霍尔茨明登-哥廷根应用科学大学的优秀教师教育资源；合肥学院在学校层面统筹安排跨学科交叉课程的专业教师引进、进修、深造以及接受德方培训。目前，德方已有多名教师来合肥学院给该专业学生授课。该专业的德方主讲教师均为相关领域的德国知名教授。Loewen 教授在能源技术方面有特殊贡献；负责建筑工程方向的 Leimer 教授在教学方式上很有特色，其与 Loewen 教授也是安徽省黄山友谊奖获得者；Grommas 教授在房地产经济方面甚有建树。中德合作经济工程专业教学创新主要体现在实验实践教学、课程教材模块、教学方式方法以及跨文化交流等方面。此外，还采用社会实践、软件模拟实验教学方式，培养学生解决实际问题的能力。自 2014 年起，Leimer 教授每年都会带领该专业的学生前往各地进行建筑方面的 workshop 教学，时常还会带领德国学生参与其中。合肥学院为中德合作经济工程专业的学生提供了相关设备，在经济系与其他相关部门的配合下为该专业配备了 4 个专业教室，其中 1 个为计算机教室。此外，还为该专业学生提供图书馆、阅览室及可外借的图书，包括外文专业书刊。2014 年，合肥学院又先后两次从德国购买经济工程专业书籍。在校企合作方面，根据该专业的三个方向，合肥学院与相关企业紧密联系，建立了十多个实习基地。

经济工程专业被德国大学校长联席会议和被其主管的学院与专业领域代表大会认定为一个独立的学科领域。在这个学科领域内，已经通过了经济工程专业的资质框架（参见经济工程学院和专业领域代表大会以及德国经济工程协会，2014 年），德国应用科学大学毕业条件以这一框架为基础设立。根据这一要求，经济工程专业的学习由几个确定的组成部分构成。

4 德意志学术交流中心（DAAD）评估

中德合作经济工程专业初期发展阶段，学位课程由德意志学术交流中心（DAAD）提供资金，在这一背景下学位课程已于 2015 年接受评估。2015 年 4 月 13—14 日，受 DAAD 委托并在其代表 Sigrid Löns 女士的陪同下，德国下萨克森州学术委员会秘书长 Mathias Pätzold 博士携同其他几位德国高校专家来合肥学院就中德合作经济工程专业项目进行项目评估。

评估期间，各位德国专家首先听取了中德双方项目负责人的专业汇报，并分别与中方专业教师、学生以及中方德语教师进行了会谈，了解项目进展情况。除此之外，德国专家们还参加了教学活动，包括专业课与德语课，深入了解该项目中学生上课及教师授课情况。德国专家十分看重项目与企业合作的情况，因此还特地安排了其与企业代表会谈，了解该项目在企业中的开展情况以及学生毕业后的就业方向与就业前景。

评估结束后，德国专家组向DAAD提交了项目验收报告。报告中对该项目予以了充分肯定，认为其是一个非常有意义的项目，在中德双方的不断努力与完善下，项目未来的前景将十分美好。如图1所示是DAAD评估验收报告中总结性评估德文版。

Die Kommission zieht als Fazit: Beim Projekt „Wirtschaftsingenieurwesen an der Deutschen Hochschule (DHH) der Universität Hefei“ handelt es sich um ein sinnvolles Unterfangen, das jedoch bei allem hervorragendem Engagement und Enthusiasmus einige strategische Planungsfehler und handwerkliche Unzulänglichkeiten aufweist. Die Kommission hält die Weiterentwicklung des Projektes jedoch für möglich, sinnvoll und notwendig. Sie ermutigt die Akteure deshalb, das Projekt weiterzuverfolgen. Sie hofft, dass ihre Empfehlungen auf fruchtbaren Boden fallen und dass die Vorschläge umgesetzt werden können. Die HAWK sollte alsbald einen neuen Finanzplan auf neuer, realistischer Basis aufstellen und mit diesem, falls erforderlich, an den DAAD heranzutreten.

图1　中德合作经济工程专业DAAD评估验收总结性评价德文版

与此同时，中德合作经济工程专业还获得了各方的好评。中方很多高校认为该项目为跨专业中外合作项目提供了宝贵的经验；来自中德双方的企业对该项目也是信心十足，希望培养出来的人才能为其所用；德方合作高校也对该项目给予了很高的评价，德方项目负责人还专门给合肥学院发邮件予以祝贺。

5　中德经济工程专业德国（欧盟）专业认证

在该专业通过了德意志学术交流中心（DAAD）的评估后，中德双方合作高校为了进一步办好该专业，决定将此专业在德国（欧盟）申请专业认证。经过近2年的前期准备以及与德国认证机构联系，2017年2月，该专业中德双方负责人确定申请书初稿及附件材料。此后，双方多次开会研讨和修改。2017年6月，正式向德国专业认证机构申请。2017年11月，认证专家在中德经济工程专业德方合作学校 HAWK 哥廷根校区对该专业进行了专业认证。该认证由德国中央评估与认证代理机构（ZevA）组织专家开展，在德国哥廷根进行了两天。专业认证围绕着德方学校专业质量、办学理念、教学计划、学生学习感受等各方面开展，还设定了一个环节，即德方专家组通过网络连线与合肥学院相关项目负责人进行电话视频会议，深入了解该专业在中国的开展情况。认证机构专家通过材料审阅、现场观察、访谈、视频会议等方式全面考核了该专业，并最终于 2018 年 3 月正式颁发中德经济工程专业德国（欧盟）认证证书（图 2）。

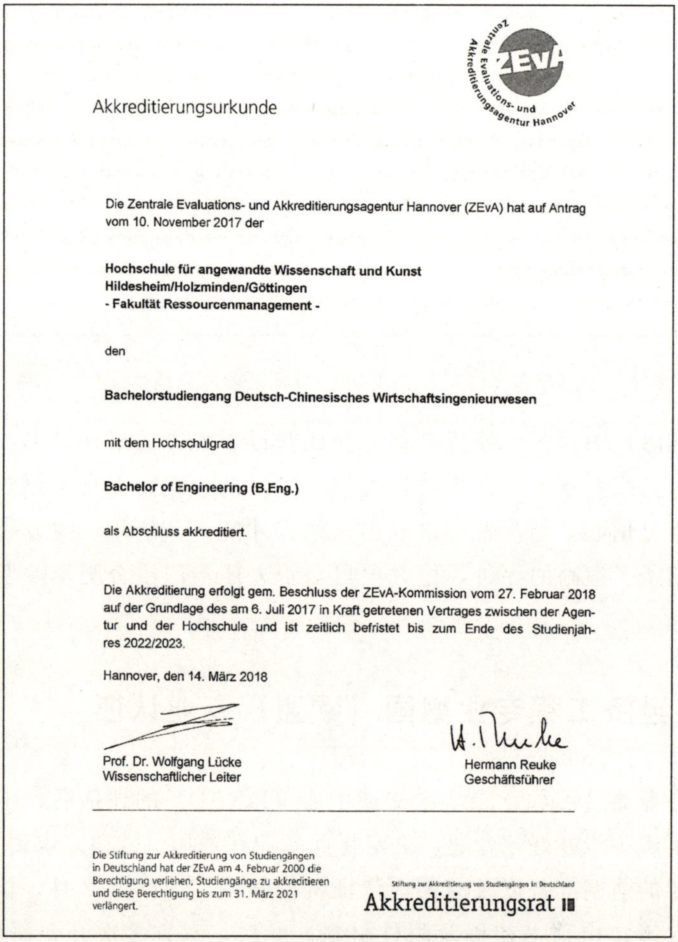

Akkreditierungsurkunde

Die Zentrale Evaluations- und Akkreditierungsagentur Hannover (ZEvA) hat auf Antrag vom 10. November 2017 der

Hochschule für angewandte Wissenschaft und Kunst Hildesheim/Holzminden/Göttingen
- Fakultät Ressourcenmanagement -

den

Bachelorstudiengang Deutsch-Chinesisches Wirtschaftsingenieurwesen

mit dem Hochschulgrad

Bachelor of Engineering (B.Eng.)

als Abschluss akkreditiert.

Die Akkreditierung erfolgt gem. Beschluss der ZEvA-Kommission vom 27. Februar 2018 auf der Grundlage des am 6. Juli 2017 in Kraft getretenen Vertrages zwischen der Agentur und der Hochschule und ist zeitlich befristet bis zum Ende des Studienjahres 2022/2023.

Hannover, den 14. März 2018

Prof. Dr. Wolfgang Lücke
Wissenschaftlicher Leiter

Hermann Reuke
Geschäftsführer

Die Stiftung zur Akkreditierung von Studiengängen in Deutschland hat der ZEvA am 4. Februar 2000 die Berechtigung verliehen, Studiengänge zu akkreditieren und diese Berechtigung bis zum 31. März 2021 verlängert.

Stiftung zur Akkreditierung von Studiengängen in Deutschland
Akkreditierungsrat

图 2　中德合作经济工程专业认证证书德文版

6 经济工程目录外新专业获批及招生

在德国，除了工业领域之外，高校和大学申请者都对经济工程专业的培训和技能优势有着具体而深刻的认识，而且众所周知的是，这一专业是基于企业经济学和工程技术科学交叉领域的独立课程方向。而与德国不同，在中国，目前为止它只是一个以技术为重点的经济学课程或者是具有企业经济应用目的的工程技术科学课程。为了进一步发展经济工程相关领域的专业建设，在中德合作经济工程专业建设的基础上，合肥学院经济系在发展该专业的同时不断地向中国教育部申请经济工程专业作为一个独立专业建设与发展，从增设经济工程专业的必要性与可行性等多方面进行论证，并提出了经济工程专业的发展规划。经过不懈努力，最终在中国教育部公布的 2017 年度普通高等学校本科专业备案和审批结果的通知中合肥学院获批了经济工程专业，这是国家首次设置的目录外新专业，全国仅合肥学院一所高校获批设置此专业。这是对合肥学院在推动经济工程专业发展中做出的积极贡献给予的巨大肯定。合肥学院也已于 2018 年进行了经济工程专业的首次招生。目前新增经济工程专业涉及的主要工程方向为经济与建筑，以后还会向更多工程方向发展。未来合肥学院将结合中德经济工程专业的发展优势以及德国经济工程专业的发展经验，继续推动经济工程作为国内新专业的建设与发展。

德国部分高校经济工程专业介绍

1. TU Berlin 柏林工业大学
2. Hochschule Augsburg 奥格斯堡应用技术大学
3. Hochschule Landshut 兰茨胡特应用技术大学
4. Karlsruher Institut für Technologie 卡尔斯鲁尔技术研究所
5. Hochschule Osnabrück 奥斯纳布吕克应用科学大学
6. Hochschule für angewandte Wissenschaften Ansbach 安斯巴格应用技术大学
7. Hochschule Aschaffenburg 阿莎芬堡大学
8. Hochschule Koblenz 科布伦茨应用科学大学
9. Hochschule Bremen 不莱梅大学
10. Fachhochschule Aachen 亚琛应用科学大学
11. Hochschule Aalen-Technik und Wirtschaft 阿伦应用技术大学
12. Hochschule für Technik und Wirtschaft Berlin 柏林工程和经济应用技术大学

1 TU Berlin 柏林工业大学

Der Bachelorstudiengang Wirtschaftsingenieurwesen an der TU Berlin vermittelt den Studierenden wirtschafts, sozial-und ingenieurwissenschaftliches Wissen und befähigt dazu, dieses Wissen praktisch im Berufsleben anzuwenden. Als Universitätsstudium ist er wissenschaftlich ausgerichtet, das heißt, es wird nicht nur vermittelt wie etwas funktioniert in Wirtschaft und Technik, sondern auch, warum das so ist.

Im Gegensatz zu Hochschulausbildungen，die allein die schnelle Anwendung bereits existierenden Wissens im Blick haben，vermittelt ein universitäres Studium die Fähigkeit，auch ganz neue，bis dahin unbekannte Lösungen zu erarbeiten. Dadurch ist das Bachelor-Studium an der TU Berlin besonders zukunftssicher.

柏林工业大学的经济工程专业本科阶段教授经济、社会和工程学知识，并使学生获得将这些知识实际运用到工作中的能力。作为大学学习，该专业内容具有科学性，即其不仅教授学生某物如何在经济和技术领域运行，还教授其运行原理。和其他只注重将现有知识快速运用的大学学习不同，一个全面的大学学习会传授学生运用全新的、未知方法的能力。由此柏林工业大学的本科学习前途尤其光明。

Damit das funktioniert，erarbeiten die Studierenden sich zunächst umfangreiches Grundlagenwissen，nicht zuletzt im mathematischen und naturwissenschaftlichen Bereich. Der wirtschafts-und sozialwissenschaftliche Teil des Studiums entspricht im Wesentlichen anderen Wirtschaftsstudiengängen an Universitäten. Im Bereich der Ingenieurwissenschaft werden Methoden，Denk- und Arbeitsweisen dieser Disziplin vermittelt，jedoch in einem geringeren Umfang als in einem reinen Ingenieurstudium. Die Lehrveranstaltungen sind so organisiert，dass sich die Studierenden in Teamarbeit üben können und lernen，Konflikte kooperativ und konstruktiv zu lösen，wie es auch später im Beruf erwartet wird.（http：//www. gkwi. tu-berlin. de/v _ menue/bachelorstudiengang/）

为了实现这一点，学生首先需要学习大量的基础知识，包括数学和自然科学领域的知识。该专业的经济和社会科学部分和其他高校的经济学专业基本一致。工程学部分将教授该学科的方法、思维方式和工作方式，但比专业的工程学专业所涉猎的内容有所减少。课程设置使学生可以在协作中练习，并学习协同有效解决问题，这也是今后在职场中所需要具备的。

Studiengangsstruktur 学科结构设置

An der TU Berlin kann der Bachelorstudiengang Wirtschaftsingenieurwesen mit den folgenden Studienrichtungen, die sich auf dieingenieurwissenschaftliche Ausrichtung beziehen, studiert werden:

- Bauingenieurwesen
- Verkehrswesen und Maschinenbau
- Elektrotechnik und IuK-Systeme
- Chemie und Verfahrenstechnik

Die Studieninhalte sind für die Studierenden der verschiedenen Studienrichtungen bis auf den ingenieurwissenschaftlichen Bereich gleich. (http://www.gkwi.tu-berlin.de/v_menue/bachelorstudiengang/studiengangsstruktur_und_verlauf/studiengangsstruktur/parameter/maxhilfe/)

在柏林工业大学经济工程专业的本科学习分以下方向，它们都以工程科学为基准：

- 土木工程
- 交通运输和机械制造
- 电气工程和信息通信系统
- 化学和工艺流程学

除了工程学领域内容，不同方向的学生所学内容是一样的。

2 Hochschule Augsburg 奥格斯堡应用技术大学

Internationales Wirtschaftsingenieurwesen (B. Eng.) 国际经济工程学（英文授课）

Fakultät 学院	Elektrotechnik / Wirtschaft 电气工程 / 经济学
Art des Studiengangs 专业类型	Vollzeit, Dual 全日制，双轨制
Abschluss 毕业	Bachelor of Engineering 工科学士学位
Studienbeginn 课程开始时间	Wintersemester 冬季学期
Regelstudienzeit 一般学习时长	7Semester 7 学期
Sprache 语言	Deutsch, Englisch 德语，英语
Zulassung 录取	Numerus Clausus 名额限制

Studieninhalte 学习内容

Der Studiengang verknüpft wirtschaftswissenschaftliche und technische Sachverhalte. Seine Besonderheit liegt in seiner starken internationalen Ausrichtung. Mehrere Module werden ausschließlich in englischer Sprache angeboten, eine zweite Fremdsprache ist verpflichtend. Das Studium vermittelt eine ausgewogene Mischung aus Sprach-, Methoden, Führungs- und interkulturellen Kompetenzen. Während der Orientierungsphase erlernen Sie die Grundlagen der allgemeinen Betriebswirtschaft und Industriebetriebslehre. Weitere wesentliche Lehrinhalte sind hier Controlling, Elektrotechnik, Mathematik, Mechanik und Werkstoffphysik.

该专业学习包括经济学和技术实践内容，其独特之处在于其国际性。许多课程模块采取英文授课，因此学生必须掌握第二门外语。该专业学习教授学生均衡掌握语言、方法、领导和跨文化能力，在专业导入阶段，学生将学到企业管理学和工业工程管理基础知识，其他深入的主要授课内容包括审计、电气工程、数学、机械学和材料物理。

Im Anschluss erweitern Sie Ihre Kenntnisse in Volkswirtschaft, elektrischer Energietechnik, Automatisierungstechnik, Informatik, Produktion und Logistik, Kosten-und Leistungsrechnung sowie in Personalmanagement und Organisation. Nach dem Praxissemester in einem Industrieunternehmen, stehen im letzten Studienjahr die beiden Vertiefungsmodule Wirtschaft und Technik zur Wahl. Eine Reihe von Credits können auch im Ausland erworben werden. Dies gilt insbesondere für das praktische Studiensemester und die Vertiefungsmodule im sechsten und siebten Semester.

接着学生可以进一步拓展自己在国民经济学、电力工程、自动化技术、信息工程、生产与物流、管理会计以及人力资源管理和组织策划方面的知识。在工业企业实习一个学期后，学生在最后一学年可以选择经济学和技术学两个高级模块中的一个。在国外高校交流学习所获得的学分也予以认可，这一点尤其针对实践学期和第六、第七高级模块。

Berufliche Perspektive 职业前景

Die methodenorientierte, moderne Ausbildung sowohl in Technik als auch Betriebswirtschaftslehre ermöglicht es, nach dem Studium verantwortungsvolle und führende Funktionen in der global ausgerichteten Industrie, aber auch in Verbänden und Institutionen der Wissenschaft und der Verwaltung zu übernehmen. Als WirtschaftsingenieurIn sind Sie eher Generalist als Spezialist dies eröffnet Ihnen viele Möglichkeiten in sehr unterschiedlichen Bereichen wie z. B. Vertrieb, technischer Einkauf, Materialwirtschaft, Logistik, Produktmanagement, Projektmanagement, technisches Controlling oder Beratung zu arbeiten.

这种强调方法的技术和企业管理方面的现代教育模式使得学生毕业后可以在国际化企业，或在科学技术及管理协会和研究所承担领导职责。作为经济工程师，该专业培养的学生与其说是专业人士，不如说是兴趣广泛者，该专业使他们可以在不同的领域就职，如销售、技术采购、物资管理、物流、生产管理、项目管理、技术监管和咨询等。

Internationales 国际化

Die Hochschule Augsburg pflegt ein großes Netzwerk an Partnerhochschulen weltweit. Neben der Möglichkeit, ein oder zwei Studiensemester im Ausland zu verbringen, kann auch ein Doppelabschluss an einer Partnerhochschule erworben werden. Rund 150 Incomings und Outgoings sorgen pro Jahr für einen intensiven Studentenaustausch. Die International Week bietet ein vielseitiges Vortragsprogramm mit Gästen unserer Partnerhochschulen und persönliche Kontaktmöglichkeiten. International ausgerichtete Lehrveranstaltungen und Wirtschaftsenglisch sind zentrale Bestandteile des Studienprogramms.

奥格斯堡应用技术大学在全球范围拥有众多友好学校，学生不仅有机会在国外学习一到两个学期，还可以在一个友好学校获得双学位。每年大约 150 个交流机会给学生继续深造。国际周活动和友好学校来客一起提供了涉及多方面的报告和彼此面对面交流的机会。国际化的课程设置和经济英语是该专业的核心组成部分。

Go out! 走出去!

Beide Fakultäten unterstützen Ihre Studierenden dabei，den Schritt ins Ausland zu wagen. Ein Auslandssemester ist in diesem Studiengang verpflichtend! Hierfür bietet sich an：

- ein Auslandsemester an einer Hochschule
- das Industriepraktikum
- zusätzlich ein Projekt（während der vorlesungsfreien Zeit）oder auch
- die Abschlussarbeit

两个学院都为学生大胆走出去提供了支持，学生必须有一学期的国外学习经历！在此我们提供以下内容：

- 在另一高校为时一学期的学习
- 企业的实习
- 额外项目（课外时间完成）
- 毕业论文

Vor Ort! 本校学习

Aber auch an der Hochschule selbst kann zusätzlich internationale bzw. Fremdsprachenkompetenz erworben werden. In diesem Studiengang finden viele Vorlesungen in englischer Sprache statt，eine zweite Fremdsprache ist ebenfalls Pflicht.

在本校，学生也可以锻炼国际化和外语能力，该专业有很多课程讲授语言为英语，因此掌握第二门外语是必要条件。

Duales Studium 双元制学习

Sie möchten noch mehr Praxisorientierung，also Theorie und Praxis noch enger miteinander verknüpfen? Die Hochschule Augsburg bietet zwei Möglichkeiten dual zu studieren：

• Verbundstudium（Studium plus Ausbildung）

◦ Industriekauffrau/-mann

• Studium mit vertiefter Praxis

◦ Studium plus intensive Praxis-Phasen（Semesterferien，praktisches Studiensemester）in einem Unternehmen（Studienbeginn：jedes Semester）

• Kooperierende Unternehmen auf Anfrage.

如果您希望有更多的实践机会，也就是说理论与实践更紧密结合，奥格斯堡大学将为您提供两种双元制的学习方式：

• 二合一学习（学习加培训）

工业商人

• 学习结合深入实践

学习加企业内的强化实践阶段（学期假，实践学期）（学习开始：每学期）

• 可咨询合作企业

Die Idee des dualen Studiums ist es，Theorie und Praxis durch qualitativ hochwertige duale Studiengänge so zu kombinieren，dass Studierende und Unternehmen gleichermaßen davon profitieren. Damit ergeben sich aus Sicht der Unternehmen folgende Vorteile dualer Studienangebote：

• Dual Studierende setzen ihr akademisches Wissen bereits parallel zum Studium effektiv für Ihr Unternehmen ein.

• Sie erhalten hochqualifizierte，akademisch ausgebildete Mitarbeiterinnen und Mitarbeiter，deren Praxis-Know-how auf Ihr Unternehmen zugeschnitten ist.

• Die Absolventinnen und Absolventen bauen von Anfang an eine starke Bindung an Ihr Unternehmen auf.

• Ihr zukünftiger Bedarf an erfolgreichen Fach-und Führungskräften wird bestens gedeckt.

• Sie entwickeln enge Kontakte zu Hochschulen und unterstützen so Technologie und Wissenstransfer.

Ihr Unternehmen wird für die Besten attraktiver und Ihr Firmenimage steigt.

https：//www. hs-augsburg. de/Elektrotechnik/Internationales-Wirtschaftsingenieurwesen-Bachelor. html

双元制学习的理念是通过高质量的双元学习制度将理论与实践相互结合，使学生和企业可以同时获益。从企业的视角，双元制有以下优点：

• 双元制制度下的学生可以将其在学校学习的理论知识有效运用到企业实践中。

• 贵企业可以接收到高素质、理论知识过硬的学生，其实践能力也和贵企业契合。

• 毕业生从一开始就和贵企业有紧密联系。

• 贵企业将来对专业人才和领导人才的需求将得到最大限度的满足。

• 贵企业和高校直接可以展开密切合作并由此帮助实现技术和知识的转化。

贵企业将对优秀人才更具吸引力，企业形象也将得到提升。

3 Hochschule Landshut 兰茨胡特应用技术大学

Beispielhafter Aufbau des Bachelorstudiengangs Wirtschaftsingenieurwesen (B.Eng.)

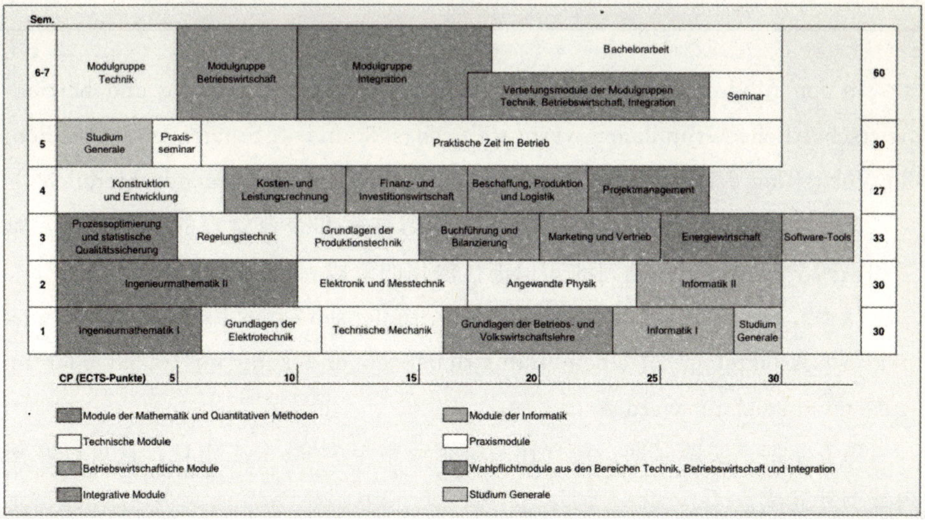

经济工程专业本科学习内容设置举例（工程学学士）

<table>
<tr><td colspan="9">学　期</td></tr>
<tr><td rowspan="2">6～7</td><td rowspan="2">技术学
模块组</td><td rowspan="2">企业管理学
模块组</td><td rowspan="2" colspan="2">一体化
模块组</td><td colspan="3">本科论文</td><td rowspan="2">60</td></tr>
<tr><td colspan="2">技术学、企业管理学、一体化模块组的深入学习模块</td><td>研讨课</td></tr>
<tr><td>5</td><td>通识课程</td><td>实践研讨课</td><td colspan="5">企业内的实践时间</td><td>30</td></tr>
<tr><td>4</td><td colspan="2">结构与研发</td><td colspan="2">成本计算与效益计算</td><td>财政与
投资管理</td><td>采购、生
产与物流</td><td>项目管理</td><td>27</td></tr>
<tr><td>3</td><td>过程优化与
统计质保</td><td>控制学</td><td>生产技术
原理</td><td>簿记与资产
负债表编制</td><td>市场与
销售</td><td>能源经济</td><td>软件技能</td><td>33</td></tr>
<tr><td>2</td><td colspan="2">工程数学 2</td><td colspan="2">电子学与测量技术</td><td>应用物理</td><td colspan="2">信息学 2</td><td>30</td></tr>
<tr><td>1</td><td>工程数学 1</td><td>电气工程学
原理</td><td colspan="2">工程力学</td><td>企业管理
和国民经
济原理</td><td>信息学 1</td><td>通识课程</td><td>30</td></tr>
<tr><td></td><td>学分</td><td>5</td><td>10</td><td>15</td><td>20</td><td>25</td><td>30</td><td></td></tr>
<tr><td colspan="5">数学与定量方法模块
技术模块
企业管理模块
一体化模块</td><td colspan="4">信息学模块
实践模块
技术、企业管理和一体化领域的选修模块
通识课程</td></tr>
</table>

In den Modulen des 1. und 2. Semesters werden technische und betriebswirtschaftliche Grundlagen vermittelt, das 3. und 4. Studiensemester dient der Vertiefung des bereits erworbenen Wissens durch aufbauende Module.

第一和第二学期的模块中，学生将学习技术和企业管理的基本知识，第三和第四学期是将之前学到的知识进行深化的阶段。

Das 5. Semester ist das praktische Studiensemester. Es umfasst mindestens 80 Arbeitstage in einem Industriebetrieb und kann im Inland oder im Ausland abgeleistet werden.

第五学期是实践学期，包含在一家企业中至少 80 个工作日，这可以在国内或国外完成。

Mit dem 6. Semester beginnt das Vertiefungsstudium, in dem die

Studentinnen und Studenten Vertiefungsmodule mit jeweils 10 ECTS-Punkten aus den Modulgruppen “Technik” und “Betriebswirtschaft” sowie 15 ECTS-Punkten aus der Modulgruppe “Integration” wählen. Weitere 10 ECTS-Punkte werden aus den Modulgruppen frei gewählt. Während des Vertiefungsstudiums wird die Bachelorarbeit angefertigt，die in der Regel 2 Monate dauert und mit 12 ECTS-Punkten bewertet wird.

第六学期开始是深入学习阶段，在这段时间学生需要在“技术”和“企业管理”两个模块各获得10学分，在“一体化”模块需获得15学分，另外可以在自选模块获得10学分。在深入学习阶段，学生需要完成毕业论文的写作，这一般需要花费两个月时间，其学分值为12。

（https：//www. haw-landshut. de/hochschule/fakultaeten/elektrotechnik-und-wirtschaftsingenieurwesen/studiengaenge/wirtschaftsingenieurwesen-bachelor. html）

4 Karlsruher Institut für Technologie 卡尔斯鲁尔技术研究所

https：//www. wiwi. kit. edu/studiengangWiingBSc. php

Wirtschaftsingenieurwesen（B. Sc.）经济工程学（学士学位）

Aufbau des Bachelorstudiengangs Wirtschaftsingenieurwesen 经济工程学本科学习课程设置

SPO 2015：Gültig für Studierende ab dem Erstsemesterjahrgang WS 2015/16 适用于自 2015/16 冬季学期开始学习的学生

Der Bachelorstudiengang Wirtschaftsingenieurwesen hat eine Regelstudienzeit von sechs Semestern und umfasst 180 Leistungspunkte. Das Grundlagenprogramm in den ersten drei Semestern ist methodisch ausgerichtet. Im vierten bis sechsten Semester findet eine Vertiefung des Fachwissens statt，die innerhalb des studienplanmäßigen Angebots nach persönlichen Interessen und Zielen gestaltet werden kann.

经济工程学本科学习一般需要六学期，共180个学分。基础阶段学习在前三个学期有步骤地完成，第四至第六学期是专业知识的深化阶段，可以在符合学科设置的基础上根据个人兴趣和目标自行设置。

Die folgende Abbildung zeigt die Fach-und Modulstruktur mit der Zuordnung der Leistungspunkte（LP）. Die dargestellte Verteilung der Module und Lehrveranstaltungen im Grundlagenprogramm auf die Semester wird in dieser Form empfohlen.

下图展示了该专业的专业结构和模块设置及其相应学分。学校建议按照图中所示的基础阶段的模块和课程划分进行学习。

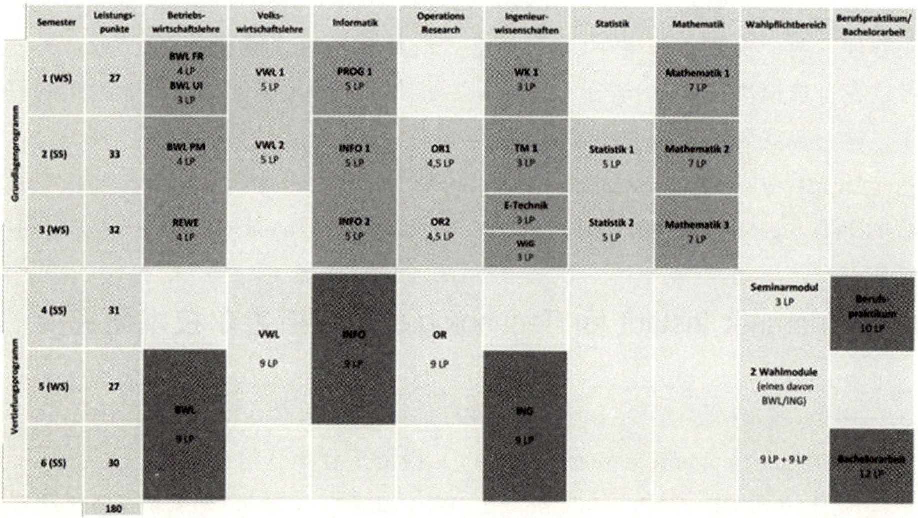

	学期	学分	企业管理学	国民经济学	信息学	运筹学	工程学	统计学	数学	选修	工作实习/本科论文
基础学习阶段	1 冬季学期	27	企业管理学 FR 4 学分 企业管理学 UI 3 学分	国民经济学 1 5 学分 国民经济学 2 5 学分	编程 1 5 学分		WX1 3 学分			数学 1 7 学分	
	2 夏季学期	33			信息学 1 5 学分 信息学 2 5 学分	运筹学 1 4.5 学分 运筹学 2 4.5 学分	TM1 3 学分	统计学 1 5 学分 统计学 2 5 学分		数学 2 7 学分	
	3 冬季学期	32					电子技术 3 学分 WIG 3 学分			数学 3 7 学分	

（续表）

<table>
<tr><th></th><th>学期</th><th>学分</th><th>企业管理学</th><th>国民经济学</th><th>信息学</th><th>运筹学</th><th>工程学</th><th>统计学</th><th>数学</th><th>选修</th><th>工作实习/本科论文</th></tr>
<tr><td rowspan="3">深入学习阶段</td><td>4夏季学期</td><td>31</td><td></td><td>国民经济学 9学分</td><td>信息学 9学分</td><td>运筹学 9学分</td><td></td><td></td><td></td><td>研讨课模块 3学分</td><td>工作实习 10学分</td></tr>
<tr><td>5冬季学期</td><td>27</td><td rowspan="2">企业管理学 9学分</td><td></td><td></td><td></td><td rowspan="2">工程学 9学分</td><td></td><td></td><td rowspan="2">两个选修模块（其中之一为企业管理学或工程学）9学分+9学分</td><td></td></tr>
<tr><td>6夏季学期</td><td>30</td><td></td><td></td><td></td><td></td><td></td><td>本科论文 12学分</td></tr>
<tr><td></td><td></td><td>180</td><td></td><td></td><td></td><td></td><td></td><td></td><td></td><td></td><td></td></tr>
</table>

Im Grundlagenprogramm（blau）sind die abgebildeten Module aus den Fächern Betriebswirtschaftslehre，Volkswirtschaftslehre，Informatik，Operation Research，Ingenieurwissenschaften，Statistik und Mathematik Pflicht. Im 3. Fachsemester kann im ingenieurwissenschaftlichen Grundlagenmodul "Weiterführende ingenieurwissenschaftliche Grundlagen" zwischen "Verfahrenstechnische Grundlagen am Beispiel der Lebensmittelverarbeitung" "Einführung in die Technische Mechanik II：Dynamik" und "Werkstoffkunde II für Wirtschaftsingenieure" gewählt werden.

在基础知识学习阶段（蓝色），上图所示的企业管理学、国民经济学、信息学、运筹学、工程技术学、数据统计学和数学科学专业的模块为必修课程。在第三专业学期，工程技术学的基础模块中“先进工程技术学基础”可以有三个选项，即“以食物加工为例的工艺流程基础学”“工程力学导入II：动力学”和“经济工程材料学II”。

Im Vertiefungsprogramm（grün）ist jeweils ein Modul zu jedem der Fächer Betriebswirtschaftslehre，Volkswirtschaftslehre，Informatik，Operation Research undIngenieurwissenschaften zu wählen.

在深入学习阶段（绿色），要求企业管理学、国民经济学、信息学、运筹学和工程技术学各专业各选择一个学习模块。

Im Rahmen des Wahlpflichtbereichs sind ein Seminarmodul（fachungebunden） und zwei Module zu belegen. Ein Modul kann aus den Fächern Betriebswirtschaftslehre oder Ingenieurwissenschaften gewählt werden，das andere aus den Fächern Betriebswirtschaftslehre，Volkswirtschaftslehre，Informatik，Operation Research，Ingenieurwiss-enschaften，Statistik，Recht oder Soziologie.

在选修课中，要求学生修完一个研讨课模块（非本专业）和两个模块，其中一个模块可以从企业管理学和工程技术学中选择，另一个模块从企业管理学、国民经济学、信息学、运筹学、工程技术学、数据统计学、法律和社会学中选择。

Das Berufspraktikum kann vor oder während des Bachelorstudiums absolviert werden. Der Leistungsnachweis über das abgeleistete Berufspraktikum ist Zulassungsvoraussetzung für die Anmeldung zur letzten Modulprüfung im Studium.

学生可以在本科学习之前或期间完成工作实习，关于所完成的实习的相关证明是申请该专业毕业考试的前提条件。

Es bleibt der individuellen Studienplanung（unter Berücksichtigung diesbezüglicher Vorgaben in der Studien-und Prüfungsordnung sowie etwaiger Modulregelungen）überlassen，in welchem der Fachsemester die gewählten Modulprüfungen begonnen bzw. abgeschlossen werden. Allerdings wird dringlich empfohlen，dem Vorschlag für die ersten drei Fachsemester zu folgen. Die Inhalte der Lehrveranstaltungen sind，auch fachübergreifend，entsprechend abgestimmt; die Überschneidungsfreiheit von Lehrveranst-altungen und Prüfungsterminen wird innerhalb des studienplanmäßigen Semesters garantiert.

根据个人的学习计划（参考相关学习和考试规定，如果有的话，还需参考学习模块规定）决定在哪个专业学期开始进行和完成所选模块的考试。在此我们强烈建议学生采纳我们对其在前三个专业学期的学习安排。课程内容跨学科，同时也与规定相符，与学习计划相符的学期中课程和考试日期可能出现重合。

Alle Module des Grundlagen-und Vertiefungsprogramms inklusive Inhalte und Wahlmöglichkeiten finden Sie im Modulhandbuch beschrieben. Seminare，die im Rahmen des Seminarmoduls belegt werden können，werden im Wiwi-

Portal veröffentlicht.

基础阶段和深入学习阶段的所有模块包括其内容和可选性在模块手册中有明确规定，研讨课模块框架下可选修的研讨课在 wiwi 端口可以选择。

Qualifikationsziele 培养目标

Die Absolventen/-innen des Bachelorstudiengangs Wirtschaftsin-genieurwesen verfügen über ein im dreisemestrigen Kernprogramm erworbenes methodisch ausgerichtetes wirtschaftswissenschaftliches，ingenieurwissenschaftliches，mathematisches und technologisches Grundlagenwissen.

经济工程学本科毕业生将拥有经过三学期核心学习所掌握的经济学、工程技术学、数学和工艺学方法上的基础知识。

Der wirtschaftswissenschaftliche Bereich umfasst betriebswirtschaftliche Fragestellungen der Finanzwirtschaft，der Unternehmensführung，der Informationswirtschaft，der Produktionswirtschaft，des Marketings und des Rechnungswesens sowie volkswirtschaftliche Zusammenhänge der Mikroökonomie und Makroökonomie.

经济学部分涉及金融、公司治理、信息经济、产品管理、营销和会计以及宏观经济学与微观经济学中的商业管理问题。

Der mathematische Bereich gliedert sich in Mathematik，Statistik und Operation Research. Er beinhaltet Analysis und lineare Algebra，deskriptive und induktive Statistik，elementare Wahrscheinlichkeitstheorie sowie Optimierungsverfahren.

数学方面的内容分为数学、统计学和运筹学，包括分析学、线性代数、描述统计学、数理统计学、初等概率论和优选法。

Im ingenieurwissenschaftlichen Bereich liegen die Schwerpunkte auf Material- und Energiebilanzen，in der Werkstoffcharakterisierung und-entwicklung，in der technischen Mechanik sowie in der Elektrotechnik.

工程技术学方面的学习重点为物料平衡和能量平衡、材料特征和研发、工程力学以及电气工程。

Der technologische Bereich wird durch die Angewandte und Theoretische

Informatik abgedeckt.

技术方面内容包括应用信息学和理论信息学。

Durch die fundierten methodischen Kenntnisse sind die Absolventen/-innen in der Lage, die fachspezifischen grundlegenden Begriffe, Methoden, Modelle und Vorgehensweisen zu benennen und anzuwenden. Darüber hinaus können ökonomische und technologische Strukturen und Prozesse analysiert und bewertet werden.

通过基础深厚的方法论知识，该专业毕业生可以指出和实际运用专业基础概念、方法、模式和操作方法，此外他们还可以对经济与技术的结构和过程进行分析与评价。

Absolvent/innen können ingenieurwissenschaftliche Basisberechnungen selbständig durchführen und sind in der Lage, wichtige mathematische Konzepte und Methoden auf konkrete Aufgabenstellungen anzuwenden.

毕业生可以独立完成工程技术学的基本运算，并在具体工作中运用重要的数学概念和方法。

Ein vertieftes Fachwissen besitzen die Absolventen/-innen in Betriebswirtschaftslehre, Volkswirtschaftslehre, Informatik, Operation Research und Ingenieurwissenschaften. Je nach Wahl liegt ihr Schwerpunktwissen dabei im Bereich der Betriebswirtschaftslehre oder den Ingenieurwissenschaften. Entsprechend den individuellen Interessen können zusätzlich Kenntnisse aus den Bereichen Statistik, Recht oder Soziologie vorliegen. Sie vermögen dieses Wissen aus den verschiedenen Fächern zu verknüpfen und interdisziplinär zu agieren. Dabei arbeiten sie sich weitgehend selbständig in ökonomische, technische und technologische Themen ein und überblicken, analysieren, interpretieren und bewerten diese Situationen systematisch.

毕业生还掌握了企业管理学、国民经济学、信息学、运筹学和工程技术学领域的深入的专业知识，根据其个人选择，他们的研究或侧重于企业管理学或侧重于工程技术学。根据个人兴趣，他们也可以从数据统计学、法学或社会学中选择自己喜欢的内容。他们具备将不同专业知识相结合及跨专业操作的能力。同时，他们还可以独立对经济学、技术学和工艺学问题进行深入研究，并可以系统地对这些问题全面掌握、分析、释义和评价。

Sie können fachspezifische Probleme klassifizieren sowie modellieren und wählen geeignete Methoden und Verfahren aus，um diese zu lösen sowie Verbesserungspotentiale abzuleiten. Die erhaltenen Ergebnisse wissen sie zu validieren，illustrieren und interpretieren.

该专业的学生可以分类归纳具有专业特征的问题，并为其建模，找出适合的方法解决问题，或将其向可观的方向引导。他们知道如何确认已得出的结论的正确性，并用图例对其进行释义。

Dieser praktische Umgang mit dem Fachwissen erfolgt unter Berücksichtigung von gesellschaftlichen，wissenschaftlichen und ethischen Aspekten.

这种在实践活动中对专业知识的运用都是在符合社会规定、科学准则和道德标准的框架下进行的。

Absolventen/-innen des Bachelorstudiengangs Wirtschaftsingenieurwesen beherrschen die Grundlagen des Projektmanagements und können Verantwortung in interdisziplinären Teams übernehmen. Sie sind in der Lage，fachbezogen und überfachlich zu argumentieren und ihren Standpunkt gegenüber Fachvertretern und Laien zu verteidigen.

经济工程系本科专业的毕业生掌握了项目管理的基本知识，可以在跨学科跨专业团队中负起责任。他们能够在专业内和专业外领域提出论证，并向专业人士和非专业人士论证其观点。

Sie besitzen die Fähigkeit，das erworbene Wissen berufsfeldbezogen in der Industrie，im Dienstleistungssektor oder in der öffentlichen Verwaltung anzuwenden sowie das Masterstudium Wirtschaftsingenieurwesen oder ein verwandtes Studium aufzunehmen.

他们可以在工业、服务业或公共管理等与专业相关的事业中运用已学知识，或继续经济工程学或相关专业的硕士学习。

Berufspraktikum 工作实习

Berufliche Orientierung und Kompetenzen durch den frühen Kontakt zu Unternehmen.

早先和企业间建立的联系对职业选择和工作联系的影响。

Praktika bieten die Möglichkeit，die im Studium erworbenen Fähigkeiten unter realistischen Bedingungen einzusetzen und fachliche sowie überfachliche Kompetenzen wie zum Beispiel Projektmanagement im beruflichen Umfeld gezielt weiter zu entwickeln. Deshalbist in jedem Bachelor-und Diplomstudiengang der KIT-Fakultät für Wirtschaftswissenschaften ein Berufspraktikum ordentlicher Bestandteil der nachzuweisenden Studienleistungen.

实习为学生提供在实际环境中运用理论知识的机会，并可在工作环境中有的放矢地拓展自己的专业和非专业能力，如项目管理。因此，本校经济学专业的本科和硕士学习阶段都要求学生完成一次工作实习，以证明其能力。

Die Nachfrage der Wirtschaft ist groß：Die Unternehmensberatung Kienbaum bezeichnet in einer High Potential Studie Berufspraktika als“das erfolgreichste Rekrutierungsinstrument der deutschen Unternehmen”. Entscheidend dafür ist die Möglichkeit，sowohl für Unternehmen als auch für Studierende in unverbindlicher Weise über einen längeren Zeitraum hinweg einander kennen zu lernen.

经济市场的需求是巨大的：克伦博国际顾问公司在一份高潜力研究报告中指出，工作实习是德国企业最成功的招聘手法。其中最重要的是，学生和企业可以以非雇佣形式在一段较长时间内彼此了解。

Praktikantenrichlinien fürStudierende im Bachelorstudiengang Wirtschaftsingenieurwesen.

经济工程学本科学生的实习要求（如下表所列）。

Grundlage 基本要求	§12 der Studien-und Prüfungsordnung 学习和考试规定
Dauer 时长	8 Wochen kaufmännisches und/oder technisches Praktikum 为期 8 周的商业或技术领域的实习 Achtung：Gültig ab dem Erstsemesterjahrgang WS 15/16. Im Rahmen der Neugestaltung des Studienganges mit neuer Prüfungsordnung wurde eine Erhöhung auf mind. 12 Wochen Praktikum beschlossen（vgl. a. unten：Rahmenbedingungen）. 注意：对 15/16 冬季学期一年级学生有效，在专业新规定和新的考试规定框架下，实习时长要求延长到 12 周（参照下文：框架条件）

（续表）

Grundlage 基本要求	§ 12 der Studien-und Prüfungsordnung 学习和考试规定
Zeitpunkt 时间	vor oder während des Studiums 学期开始前或期间 Nachweis spätestens zur Zulassung der letzten Modulprüfung（i. d. R. Bachelorarbeit）最迟在申请参加最终模块考试（通常是毕业论文）前提交实习证明
Tätigkeit 工作	freie Wahl des Unternehmens 自选企业 freie Wahl der Tätigkeitsfelder und Arbeitsbereiche 自选工作领域和范围 Beachtung technischer und/oder kaufmännischer Inhalte 注意技术和/或商业内容
Rahmenbedin-Gungen 框架条件	Praktika sind ausnahmslos in Vollzeitbeschäftigung（mind. 35 Std. /Woche）abzuleisten. Achtung：Ab dem Erstsemesterjahrgang WS 15/16 können die dann geforderten 12 Wochen Berufspraktikum auch in durchgehenden Teilzeit-Beschäftigungsverhältnissen（5-Tage-Woche und mindestens halbtags）nachgewiesen werden. 实习必须是全职的（每周至少工作 35 个小时）。注意：自 15/16 冬季学期入学的学生，规定的 12 周工作实习可以以连续兼职（每周 5 天，每天至少工作半天）的方式完成。 Aufteilung in Abschnitte und in verschiedene Unternehmen möglich. 可以分次在不同企业完成实习。 Urlaubstage sind nicht auf die geforderte Praktikumszeit anrechenbar. Sie werden von der nachgewiesenen Praktikumszeit abgezogen. 规定中所要求的实习期间不允许休假，如果休假，将从之后提供的实习证明中扣除这段时间。 Fehltage aus gesundheitlichen Gründen sowie gesetzl. Feiertage werden bis zu einem Umfang von insgesamt maximal 3 Tagen nicht abgezogen，sofern die Mindestzeit für das Pflichtpraktikum dadurch unterschritten würde. 如果实习要求的最短天数没有达到，那么因身体健康原因请假或法定假期加在一起只可最多休三天。
Anerkennung 认证	DieAnerkennung des Praktikums erfolgt im Prüfungssekretariat der KIT-Fakultät für Wirtschaftswissenschaften. 由学校经济学院考试秘书处对学生实习进行认证。 Zum Nachweis der praktischen Ausbildung dient eine von der Praktikantenstelle ausgestellte Bescheinigung zum abgeleisteten Praktikum，in der die Angaben zu Dauer，Tätigkeitsbereich und besuchten Abteilungen enthalten sind，sowie ein von der Praktikantenstelle gegengezeichneter，mindestens eine Seite umfassender Praktikumsbericht（nicht handschriftlich）. 实习证明需由实习单位出具，其中需注明实习时间、工作任务和实习部门，还有一个篇幅至少一页纸的由实习单位出具的实习报告（非手写）。 Zur Vereinfachung der Anerkennung beim Prüfungssekretariat steht Ihnen ein Formular zur Verfügung. 为简化在考试秘书处的实习认证，学生可以使用其提供的表格。

（续表）

Grundlage 基本要求	§ 12 der Studien-und Prüfungsordnung 学习和考试规定
Alternative zum Berufspraktikum 相对工作实习的另一种选择	Berufsausbildung：Eine mindestens 2-jährige kaufmännische oder technische Berufsausbildung wird als gleichwertig zum Pflichtpraktikum anerkannt und kann dieses ersetzen. 职业培训：一个至少长达两年的商业或技术职业培训等值于学生必须完成的工作实习，可以代替工作实习。 Alle übrigen Beschäftigungsformate（zB Ferienjob，Werkstudententätigkeit，Selbständigkeit，Tätigkeiten im eigenen Unternehmen）können für das Berufspraktikum nicht alternativ geltend gemacht werden. 其余的工作形式（如假期工、勤工俭学、自由职业、在自家企业工作）不能与工作实习等值。

5　Hochschule Osnabrück 奥斯纳布吕克应用科学大学

Grundstudium des Studiums 基础学习

1. Semester 第一学期

Gleich-und Wechselstromtechnik，Marketingpolitiken，Mathematik，Technische，Mechanik，Technische Physik，Wissenschaftliches Arbeiten im Kontext betrieblicher Systeme.

直流电和交流电技术、市场营销策略、数学、技术、力学、技术物理学、企业系统中的科学方法。

2. Semester 第二学期

Experimentelle gleich-und wechselstromtechnische Fundierung，Grundlagen，Wirtschaftsrecht，Investitionsrechnung und Finanzierung，Operations Research，Systemanalyse，Technische Mathematik.

直流电和交流电实验基础、基础知识、经济法、投资评估和融资、运筹学、系统分析、技术数学。

3. Semester 第三学期

Grundlagen der Volkswirtschaftslehre，Introduction to Logistics，Maschinenelemente-Verbindungstechnik，ProzesssystemeP，Rechnungswesen：Voll-und Teilkostenrechnungssysteme，Statistik.

国民经济学基础、物流学入门、机器元件——连接技术、工艺体系，会计学：全面和部分成本计算、统计学。

4. Semester 第四学期

B2B-Marketing und Produktmanagement, Digitaltechnik und, Rechnerar chitekturen, Thermodynamik und Fluidmechanik, Konstruktion technischer Baugruppen, Rechnungswesen: Plan-und Prozesskostenrechnung & Target Costing, Werkstoffkunde.

公对公的市场营销和成产管理、数码技术、计算机算法结构、热力学和流体力学、技术组件的构成，会计学：计划成本和过程成本计算 & 预定价格、材料工程。

Im fünften und sechsten Semester können die Studierenden zwischen verschiedenen Schwerpunkten wählen und ihre Kenntnisse in folgenden Bereichen vertiefen.

在第五、第六学期学生可以选择不同的研究重点，并在其中进一步深入学习。

https://www.hs-osnabrueck.de/de/studium/studienangebot/bachelor/wirtschaftsingenieurwesen-beng-dual-standort-lingen/studienverlauf/#c9627

6　Hochschule für angewandte Wissenschaften Ansbach 安斯巴格应用技术大学

Der Bachelor-Studiengang umfasst insgesamt 7 Semester. Davon sind 6 Semester an der Hochschule sowie 1 Semester in einem Unternehmen der eigenen Wahl zu absolvieren.

本科学习共 7 个学期，其中 6 个学期在学校学习，1 个学期在自选的企业实习。

Im 1. und 2. Semester stehen Grundlagen der Natur-und Ingenieurwissenschaften sowie der Wirtschafts-und Allgemeinwissenschaften im Zentrum Ihres Studiums. In den folgenden Semestern wird dieses erworbene Wissen durch fachspezifische Pflichtmodule gefestigt. Wahlpflichtmodule und ein praktisches Studiensemester runden das persönliche Studienprofil ab.

第一、第二学期的学习重点是自然科学和工程学基础知识及经济学和通识课程，之后的学期通过专业特有的必修模块将这些已学知识进行巩固，选修模块和一个实践学期进一步完善个人专长。

Ab dem 3. Semester wählt jeder Studierende aus den acht Studienschwerpunkten einen ingenieurwissenschaftlichen（Bio-und Umwelttechnologie，Energietechnik，Kunststofftechnik，Medizintechnik，Systemtechnik，Energieanlagen und Versorgungsmanagement）und einen wirtschaftswissenschaftlichen（International Management，Produkt Management）Schwerpunkt aus.

从第三学期开始，每个学生从八个学习重点中选择一个工程学（生物科技、环境科技、能源技术、工程塑料、医学技术、系统工程、能源设备和供应管理）重点和一个经济学（国际管理、产品管理）重点。

Eine wissenschaftlich angefertigte Bachelor-Arbeit schließt Ihr Studium ab.

学生最后需要一篇科学性的本科论文来完成学业。

http：//www. hs-ansbach. de/studium/bachelor _ studium/wirtschaftsingenieurwesen/inhalte. html

7 Hochschule Aschaffenburg 阿莎芬堡大学

Das Studium mit dem Abschluss Bachelor of Engineering bietet den Studenten eine breite Ausbildung，die sowohl betriebswirtschaftliche，als auch technische sowie fachübergreifende Qualifikationen vermittelt. Ziel ist die Ausbildung von Absolventen，die komplexe Zusammenhänge überblicken und durch ihre interdisziplinäre Ausbildung universell einsetzbar sind. Die Vermittlung von Schlüsselqualifikationen wie Fremdsprachen，Problemlösungskompetenz und Teamfähigkeit sowie die Beherrschung moderner EDV-Werkzeuge ergänzt die Vermittlung anwendungsbezogener Kenntnisse in den ingenieurwissenschaftlichen und wirtschaftswissenschaftlichen Fächern.

工程学本科学习为学生提供一个涉及面广的培训，学生既能学到企业管理学、技术学，还能学到跨专业的知识。目标是让学生看清各知识点之间复杂的联系，通过其跨学科的教育背景使其各个岗位都能胜任。关键内容如外语、解决问题的能力、团队协作能力和掌握使用先进电子产品的能力对工程学和经济学专业学生其应用性知识的教授起到了补充作用。

Im technischen Teil des Studiums ist der Studiengang Wirtschaftsingenieurwesen an den Studiengang Elektro-und Informationstechnik angekoppelt, so dass das vorhanden Know-how und die hervorragend ausgestatteten Laboratorien der Elektrotechnik genutzt werden können.

该专业学习的技术知识教授部分与电气工程和信息技术专业挂钩，使学生可实际运用课堂所学以及电气工程先进的实验设备。

Auch der Vermittlung von Fremdsprachenkenntnissen wird besondere Beachtung geschenkt. 10 Semesterwochenstunden stehen während des Studiums des Wirtschaftingenieurwesens für das Erlernen von Fremdsprachen und für den Erwerb des für einen Auslandseinsatz erforderlichen Rüstzeuges zur Verfügung. Aufbauend auf den Fremdsprachenunterricht an den Vorläuferschulen lernen die Studierenden z. B. , wie man eine Konferenz im angelsächsischen Wirtschaftsraum vorbereitet und leitet, wie man eine US-Patentschrift auswertet und was man beim Umgang mit Geschäftspartnern in anderen Kulturkreisen beachten muss. Der Studiengang Wirtschaftsingenieurwesen macht aus Ihnen einen Allrounder und bietet Ihnen nach Abschluss des Bachelorstudiengangs die Möglichkeit sich über einen Masterstudiengang mit einer anschließend möglichen Promotion weiterzubilden.

外语能力的培养也是重要内容，经济工程学专业学习中有每学期每周 10 个课时的外语课，使学生具备在国外学习或实习的基本能力。在语言班学习的基础上，学生在这里将学习例如如何准备和开设盎格鲁撒克逊经济区的一场会议、如何评估一份美国专利、在和来自不同文化背景的商业伙伴交流时应注意什么等。经济工程学专业致力于将学生培养成全才，并在学生完成本科学习之后为其提供攻读硕士学位继而攻读博士学位的可能。

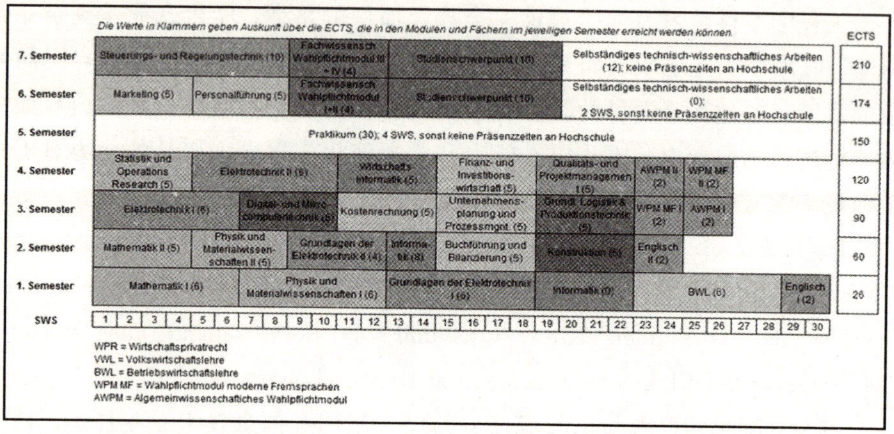

关于每学期可修的模块和专业的相应学分，在括号里进行标示								学分
第七学期	控制技术与控制工程（10）	专业知识，选修模块 3+4（4）	学习重点（10）	独立完成技术科学性工作（12），校内无明确实际工作时间				210
第六学期	市场学（5）	人力资源（5）	专业知识，选修模块 1+2（4）	学习重点（10）	独立完成技术科学性工作（0），每学期每周 2 个课时，其余无校内明确实际工作时间			174
第五学期	实习（30），每学期每周 4 课时，其余无校内明确实际工作时间							150
第四学期	统计学和运筹学（5）	电气工程学 2（6）	经济信息学（5）	财务管理与投资管理（5）	质量管理与项目管理 1（5）	AWPM 2（2）	WPM MF2（2）	120
第三学期	电气工程（6）	数字与微型计算机技术（5）	成本计算（5）	企业规划与过程管理（5）	物流与生产技术基础（5）	WPM MF1（2）	AWPM 1（2）	90
第二学期	数学 2（5）	物理与材料学 2（5）	电气工程基础 2（4）	信息学（8）	簿记与资产负债表编制（5）	设计（5）	英语 2（2）	60
第一学期	数学 1（6）	物理与材料学 1（6）	电气工程基础 1（6）	信息学（0）	企业管理学（6）	英语 1（2）		26
周课时每学期	1 2 3 4 5 6 7 8 9 10 11 12 13 14 15 16 17 18 19 20 21 22 23 24 25 26 27 28 29 30							

WPR 经济学私法　VWL 国民经济学　BWL 企业管理学
WMP MF 现代外语选修模块　AWPM 通识知识选修模块

https：//www. h-ab. de/schueler-studieninteressenten/studienangebot/bachelor-studiengaenge/wirtschaftsingenieurwesen/studium/

8 Hochschule Koblenz 科布伦茨应用科学大学

Wirtschaftsingenieur – BSc						Stand: Juli 2016
1. Semester	**2. Semester**	**3. Semester**	**4. Semester**	**5. Semester**	**6. Semester**	**7. Semester**
Mathematik (10 CP)	Einführung in die BWL (5 CP)	Grundlagen der Elektrotechnik 2 (8 CP)	Qualitätsmanagement (5 C)	Grundlagen der Informationstechnik (5 CP)	Projektmanagement (5 CP)	Praxisphase (18 CP)
Grundlagen der Elektrotechnik 1 (5 CP)	BWL II (5 CP)	Technische Physik 2 (5 CP)	Arbeitsrecht (5 CP)	Technische Mechanik 2 (5 CP)	Projektphase (10 CP)	
Technische Physik 1 (5 CP)	Einführung in die VWL (8 CP)	Mikroprozessortechnik (5 CP)	Einführung in das Controlling (5 CP)	Maschinenelemente (5 CP)		
C-Programmierung (5 CP)	Bürgerliches Recht (5 CP)	Technische Mechanik 1 (5 CP)	Business English II (5 CP)	Technisches Wahlpflichtmodul 1 (5 CP)	Messtechnik (5 CP)	
Grundlagen des Maschinenbaus (5 CP)	Grundlagen der Kosten- und Leistungsrechnung (5 CP)	Fertigungstechnik (5 CP)	**Schwerpunktmodul (10 CP)** • Beschaffung • Finanzierung u. Investition • Human Ressource Management / OP • Externes und internes Rechnungswesen • Produktionswirtschaft • Logistik / OR	Technisches Wahlpflichtmodul 2 (5 CP)	Technisches Wahlpflichtmodul 4 (5 CP)	Bachelor-Thesis (12 CP)
	Business English I (5 CP)	Werkstoffkunde (5 CP)		Technisches Wahlpflichtmodul 3 (5 CP)	Technisches Wahlpflichtmodul 5 (5 CP)	

经济工程学——本科						2015年7月版
学期1	学期2	学期3	学期4	学期5	学期6	学期7
数学（10）	企业管理学导论（5）	电气工程基础2（5）	质量管理（5）	信息技术学基础（5）	项目管理（5）	实践阶段（18）
电气工程基础1（5）	企业管理学2（5）	技术物理2（5）	劳动法（5）	工程力学2（5）	项目阶段（10）	
技术物理1（5）	国民经济学导论（5）	微观过程技术（5）	管理学导论（5）	机械零件（5）		
电脑编程（5）	民法（5）	工程力学1（5）	商务英语2（5）	技术选修模块1（5）	测量技术（5）	
机械制造基础（5）	成本与收益计算（5）	制造工艺（5）	重点模块（10） •采购 •财政与投资 •人力资源管理/运作 •外部与内部会计 •生产紧急 •物流/运筹学	技术选修模块2（5）	技术选修模块4（5）	本科论文（12）
	商务英语1（5）	材料学（5）		技术选修模块3（5）	技术选修模块5（5）	

http：//www.hs-koblenz.de/rmc/fachbereiche/ingenieurwesen/maschinenbau/studiengaenge-maschinenbau/ba/bachelor-of-science-wirtschaftsingenieur/studieninhalte/

9　Hochschule Bremen 不莱梅大学

http：//www.hs-bremen.de/internet/de/studium/stg/iswi/verlauf/

English version

		Modul 1	Modul 2	Modul 3	Modul 4	Modul 5
1. Semester	30	Mathematik	Physik	Werkstoffwissenschaften / Mechanik	BWL Grundlagen / Softskills	VWL
2. Semester	30	Maschinenelemente / Konstruktion	Informatik	Finanzmanagement	Nationales Recht	Internes Rechnungswesen
3. Semester	30	Produktions- und Prozesstechnologie	Energietechnik	BWL: Personal / Organisation	Marketing (engl.)	Fremdsprache
4. Semester	30	Produktionsprozesse und Qualitätsmanagement	Enterprise Resource Planning	Logistische Systeme und Materialfluss	Projektmanagement	International Management (engl.)
5. Semester	30	Auslandsvorbereitung (engl.)	Auslandsstudium			
6. Semester	30	Auslandspraktikum				Auslandsnachbereitung
7. Semester	30	Schwerpunkt I (engl.)	Schwerpunkt II	Technisches Produktmanagement	Bachelor Projekt	Bachelor-Thesis

		模块 1	模块 2	模块 3	模块 4	模块 5
学期 1	30	数学	物理	材料学/力学	企业管理学基础/软技能	国民经济学
学期 2	30	机械零件/设计	信息学	财政管理	国家法	内部会计学
学期 3	30	生产技术和过程技术	动力技术	企业管理学：人事/组织	市场营销（英语）	外语
学期 4	30	生产过程与质量管理	企业资源规划	物流系统和物资流通	项目管理	国际管理（英语）
学期 5	30	国外学习准备（英语）	国外学习			
学期 6	30	国外学习				国外学习总结
学期 7	30	重点知识 1（英语）	重点知识 2（英语）	技术生产管理	本科项目	本科论文

参见：http：//www.hs-bremen.de/internet/studium/stg/iswi/verlauf/iswi_modulhandbuch_stand_dez_2013_u__berarbeitet_ms1116.pdf

10　Fachhochschule Aachen 亚琛应用科学大学

参见：https：//www. fh-aachen. de/studium/wirtschaftsingenieurwesen-bsc/studieninhalte/

11　Hochschule Aalen-Technik und Wirtschaft 阿伦应用技术大学

参见：https：//www. hs-aalen. de/de/pages/b-eng-wirtschaftsingenieurwesen _ modulbeschreibungen

12　Hochschule für Technik und Wirtschaft Berlin 柏林工程和经济应用技术大学

参见：1. http：//wiw-bachelor. htw-berlin. de/fileadmin/HTW/Zentral/ZHV _ IIIA _ - _ Studienberatung/Studieninfos/WirtschIngWesen _ BM. pdf

2. http：//wiw-bachelor. htw-berlin. de/